Erläuterungen und Dokumente

Arthur Schnitzler
Leutnant Gustl

Von
Evelyne Polt-Heinzl

Philipp Reclam jun. Stuttgart

Arthur Schnitzlers Erzählung *Leutnant Gustl* ist enthalten in dem Band: Arthur Schnitzler, *Der blinde Geronimo und sein Bruder. Erzählungen 1900–1907*, der unter der Nummer 9404 im Fischer Taschenbuch Verlag vorliegt (Frankfurt a. M., 1989 [u. ö.]). Auf diese Ausgabe beziehen sich die Seiten- und Zeilenangaben in den Wort- und Sacherklärungen und anderen Kapiteln.

Universal-Bibliothek Nr. 16017
Alle Rechte vorbehalten
© 2000 Philipp Reclam jun. GmbH & Co., Stuttgart
Gesamtherstellung: Reclam, Ditzingen. Printed in Germany 2000
RECLAM und UNIVERSAL-BIBLIOTHEK sind eingetragene Marken
der Philipp Reclam jun. GmbH & Co., Stuttgart
ISBN 3-15-016017-0

Inhalt

I. Wort- und Sacherklärungen   5

II. Zur Entstehungsgeschichte   26

III. Vorbilder und Einflüsse   32

IV. Dokumente zur Wirkungsgeschichte:
Der Skandal um *Leutnant Gustl*   42

V. (Sozial)politische Hintergründe: Duellwesen
und Antisemitismus   62

VI. Literaturwissenschaftliche Rezeption   80

VII. Literaturhinweise 110

I. Wort- und Sacherklärungen

9,1 *Leutnant Gustl:* Der Titel lautete im Erstdruck und in der ersten Buchausgabe nach der damals gebräuchlichen Orthographie *Lieutenant Gustl*. Bei der Neuauflage 1914 (16.–18. Tsd.) wurde er vom Fischer Verlag in *Leutnant Gustl* normalisiert.

9,4 *Konzert:* Ort des Konzertes ist vermutlich der Wiener Musikverein am Karlsplatz im I. Wiener Gemeindebezirk. In einer nachgelassenen Notiz erwähnt Schnitzler, die Novelle sei »zum Teil nach einer tatsächlich vorgefallenen Geschichte, die einem bekannten [sic] von Felix Salten passiert war, einem Herrn Lasky, im Foyer des Musikvereinssaals« gestaltet (Nachlaßmappe 177, zit. nach Surowska, 1990, S. 157 f.).

⌊*wer sieht's denn:* Das durchgängige Weglassen von Anlauten oder anlautenden Silben (Aphärese) bzw. die Auslassung von Endbuchstaben oder Endsilben (Apokope) unterstreicht auch sprachlich die Anlehnung an die Ausdrucksweise eines einfachen jungen Soldaten.⌋

9,6 ⌊*viertel auf zehn:* (umgangsspr.) 21.45 Uhr. Auch die forcierte Verwendung dialektaler Ausdrücke betont die Unmittelbarkeit von Gustls Gedanken.⌋

9,8 *Was ist es denn eigentlich?:* Am 4. April 1900, dem Handlungstag der Novelle – es ist der Mittwoch der Karwoche –, führte der Evangelische Singverein im Wiener Musikvereinssaal *Paulus. Oratorium nach Worten der heiligen Schrift* von Felix Mendelssohn-Bartholdy (1809–1847) auf, entstanden nach ersten Plänen 1831/32 in den Jahren 1834 bis 1836, Uraufführung: 22. Mai 1836. Der Titel des Werkes bleibt bei Schnitzler zwar unerwähnt, aber es ist mit Sicherheit anzunehmen, daß der musikalisch hochgebildete Schnitzler Mendelssohns Oratorium ganz bewußt gewählt hat. Die Folie dieses Werkes erschließt ein Potential an zusätzlichen kritischen Kom-

mentaren zu Gustl in seiner Rolle als Konzertbesucher,
denn »seine Unaufmerksamkeit und Gleichgültigkeit gegenüber der Aufführung verraten, dass er stumpf ist
gegen die Friedensbotschaft von Mendelssohns Werk
(Chor: Wie lieblich sind die Boten, die den Frieden ver-
kündigen), das gegen Haß und Intoleranz gerichtet ist
und damit in krassem Gegensatz zu Gustls Aggressivität
steht. Der gleiche Kontrast besteht zwischen der Titelgestalt des Oratoriums, dem vom Saulus zum Paulus ge-
wandelten Apostel, der von seiner Blindheit geheilt wird
(Eingangschor: Wachet auf, ruft uns die Stimme [der
Choral Nr. 15 des ersten Teils]) und der Titelgestalt der
Erzählung, Gustl, der sich als unfähig zur Wandlung erweist und nicht aus seiner dumpfen Bewußtlosigkeit er-
wacht.« (Kaiser, 1997, S. 52)

9,30 *Fräulein Walker:* Edyth W. (1870–1950), geboren in
New York; 1895 Debüt an der Wiener Hofoper, die sie
1903 nach Auseinandersetzungen mit Gustav Mahler ver-
ließ. Berühmte Oratoriensängerin, bedeutendste Altistin
der Zeit.
Fräulein Michalek: Margarete Merlitschek (geb. Michalek, 1875–1944); 1897 als Soubrette an die Wiener Hofoper engagiert, wo sie bis 1910 blieb.

10,2 *Traviata: La Traviata*, Oper in vier Akten von Giu-
seppe Verdi (1813–1901), Libretto nach der Erzählung
von Alexandre Dumas Sohn (1824–95) *La dame aux
camélias* (1848) von Francesco Maria Piave (1810–76).
Uraufführung: 6. März 1853 in Venedig, deutsche Erstaufführung: 10. November 1857 in Hamburg.

10,3 *eine tote Leiche:* dialektaler Pleonasmus.

10,13 *Singvereins:* Der Evangelische Singverein, gegründet
1818 von Johann Andreas Streicher (1761–1833, Pianist,
Komponist, Klavierfabrikant), bestand bis in die zwanzi-
ger Jahre.

10,16 f. ›*Grünen Tor‹:* Gasthaus »Zum Grünen Tor« im
VIII. Bezirk (Josefstadt, Lerchenfelder Straße 14), beliebt

für gesellige Tanzabende und Maskenbälle. Die genaue topographische Verankerung aller genannten Örtlichkeiten bestimmt die gesamte Novelle.

10,17 *Wie hat sie nur geheißen?:* Konstanze Fliedl analysiert in ihrer umfangreichen Studie *Arthur Schnitzler. Poetik der Erinnerung* (1997) die spezifischen Erinnerungsschwierigkeiten als gezielt eingesetzte Methode zur Figurencharakteristik im Werk Schnitzlers. Betreibt Anatol (1893) das Vergessen programmatisch als »herrschaftliche Amnesie, die das totale Verfügungsrecht über die Gegenwart sicherstellen soll, holt es seinen Nachfolger, den Leutnant Gustl (1900), als banale Vergeßlichkeit ein« (S. 16). Häufig beziehen sich Gustls Erinnerungsschwierigkeiten auf Frauen, was seiner konsumistischen Haltung in Sachen »Liebe« entspricht. Schnitzler stellt sich damit aber auch gegen den zeittypischen Trend, Vergeßlichkeit – vor allem im Zusammenhang mit dem Diskurs um die fehlende weibliche Treue – in den weiblichen Figuren zu verankern: »wenn Schnitzlers Werk die Frauen ›emanzipiert‹, dann emanzipiert es sie zum Gedächtnis« (S. 139).

10,20 *Virginia:* lange dünne Zigarre mit eingefügtem Mundstück aus Stroh.

10,24 *stell' ich Sie mir:* (umgangsspr.) stelle ich Sie zur Rede.

10,28 f. *vorlamentieren:* (umgangsspr.) jammern, wehklagen.

10,29 *Abschreiberei:* Steffis schriftliche Absagen.

10,35 *nachtmahlen:* (umgangsspr.) zu Abend essen.

10,36 *Gartenbaugesellschaft:* Gebäude der 1827 gegründeten Gartenbaugesellschaft am Parkring im I. Bezirk. 1863–69 nach Plänen August Webers ursprünglich für Ausstellungszwecke errichtet, wurde der Bau bald für verschiedenste Aktivitäten vornehmer Geselligkeitsvereine genutzt. In der Folge beliebter Veranstaltungsort für Bälle und Tanzveranstaltungen, der nach und nach seinen vornehmen Charakter einbüßte; 1959 abgerissen.

11,1 *vis-à-vis:* (frz.) gegenüber.

11,7 *Juden zu Offizieren machen:* Gustls Antisemitismus wurzelt in seiner Angst vor sozialer Deklassierung. Der Judenhaß liefert ihm ein Feindbild, das ihn von der objektiven Bedrohung des sozialen Abstiegs entlastet. Da er seine Mittellosigkeit durch den Stolz auf seine gesellschaftliche Sonderstellung als Offizier kompensiert, muß er es als besonders beängstigend empfinden, daß sein Feindbild auch im Offiziersstand vertreten ist, da »sie noch immer so viel Juden zu Offizieren machen«. (Vgl. dazu Laermann, 1977a, S. 125; s. auch Anm. zu 22,25.)

11,19 f. *werd' ich dem Kopetzky sagen:* Gustls Erinnerungsschwäche ist wie bei vielen Schnitzlerschen Figuren, allen voran Anatol, gepaart mit einer auffälligen Erlebnisschwäche, die die Gegenwart als immer schon vergangen erscheinen und in der Erinnerung erlebt werden läßt (vgl. Fliedl, 1997, 24). Gustls Erlebnisschwäche zeigt sich auch in der beständigen Unsicherheit über den Realitätsgehalt des Erlebten, die sich in Floskeln äußert wie »Mir scheint, ich träum'!« (16,35), »mir ist immer, als wenn ich mir eine Geschichte erzählen möcht'« (21,5 f.), »aber vielleicht träum' ich« (40,33).

11,20 *Kaffeehaus:* Zum Kaffeehaus als Lebenszusammenhang in Werk und Leben Schnitzlers vgl. Keller, 1984, S. 65-91.

11,22 *gegiftet:* (umgangsspr.) geärgert.

Hundertsechzig Gulden: Entsprach etwa dem durchschnittlichen Monatslohn eines Arbeiters bzw. dem halben Monatseinkommen eines kleinen Beamten wie Gustls Vater (vgl. Urbach, 1974, S. 105).

11,22 f. *auf einem Sitz:* (umgangsspr.) in einem durch, ohne dabei den Tisch zu verlassen.

11,33 *Sustentation:* Unterhalt, Unterstützung, Beihilfe.

11,34 *Kreuzer:* kleinste Währungseinheit in Österreich-Ungarn bis zur Umstellung auf Kronen/Heller-Währung 1892.

12,15 *Maretti:* Urbach (1974, S. 105) verweist hier auf Helene Odilon (geb. Petermann, 1864–1939), eine der berühmtesten Schauspielerinnen ihrer Zeit. Seit 1891 am Deutschen Volkstheater in Wien, wirkte sie dort 1894 bei der deutschen Erstaufführung der *Madame Sans-Gêne* (Premiere am 13. Januar) mit, deren Besuch Schnitzler am 16. Januar 1894 in seinem Tagebuch vermerkt. In einer Tagebucheintragung vom 3. März 1894 bezeichnet er die Odilon als »verführerisch« (Tagebuch 1893–1902, S. 71). Sie wäre 1900 ungefähr so alt, wie Gustl »die Maretti« schätzt.

12,16 ›*Madame Sans-Gêne‹:* Komödie in drei Akten und einem Prolog von Victorien Sardou (1831–1908) und Émile Moreau (1852–1922), Uraufführung: 27. Oktober 1893 in Paris. Turbulente Unterhaltungskomödie um die historische Figur der Wäscherin Cathérine Hubscher, die aus den Wirren der Französischen Revolution als Marschallin Lefebvre hervorgeht.

12,20 *Ring:* Wiener Prachtstraße, die in mehreren Abschnitten die Innere Stadt (I. Bezirk) auf einer Länge von rund vier Kilometern umgibt, auf weite Strecken von Doppelalleen gesäumt. Mit den in der Folge entlang der Ringstraße im Stil des Historismus errichteten Gebäuden (u. a. Hofoper, Kunst- und Naturhistorisches Museum, Parlament, Rathaus, Burgtheater, Universität, Börse) gab die Ringstraße einer ganzen Epoche ihren Namen.

12,30 *Doschintzky:* In seiner Autobiographie berichtet Schnitzler von einem Kurs, den er »bei dem Fechtlehrer Domaschintzky« absolvierte (Jugend in Wien, S. 139). Zum Duell als Alltagserfahrung im Leben Schnitzlers als Student und Militärangehöriger s. S. 66–70.

12,33 *Landwehr:* stehendes Nationalheer als Reserve der k. u. k. Armee seit 1807.

13,5 *Chinesen:* 1899 brach in China der von einer chinesischen Geheimsekte entfachte sog. Boxeraufstand aus, der 1900/01 von einem Expeditionskorps der europäischen Großmächte niedergeworfen wurde.

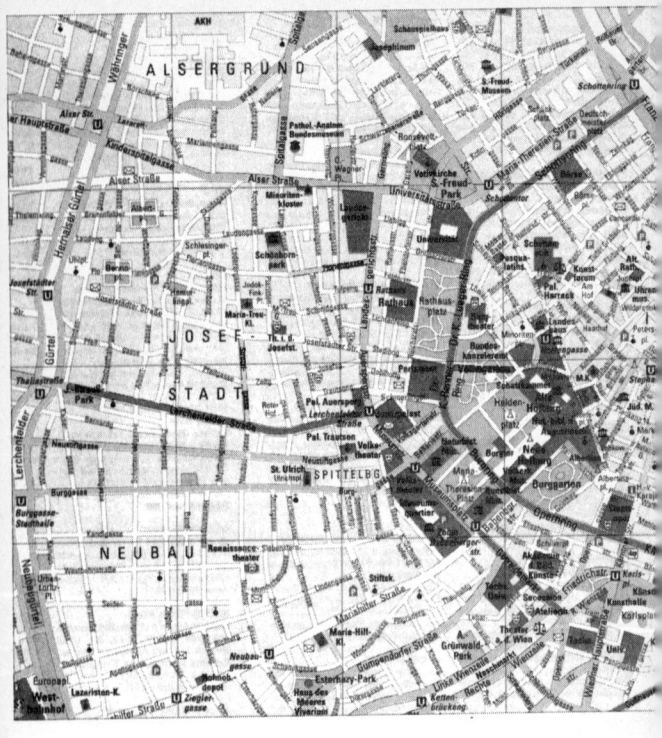

Stadtplan von Wien

Leutnant Gustls Weg durch Wien läßt sich anhand dieses aus heutiger Zeit stammenden Plans ziemlich genau nachvollziehen. Im folgenden werden die Orte in der Reihenfolge ihres ›Auftritts‹ genannt (in Klammern stehen jene, die Gustl nur erwähnt, aber auf seinem nächtlichen Gang nicht berührt):

Musikverein, Karlsplatz – (Gasthaus »Zum Grünen Tor«, Lerchenfelder Straße 14) – (Gartenbaugesellschaft, Parkring) – Ring –

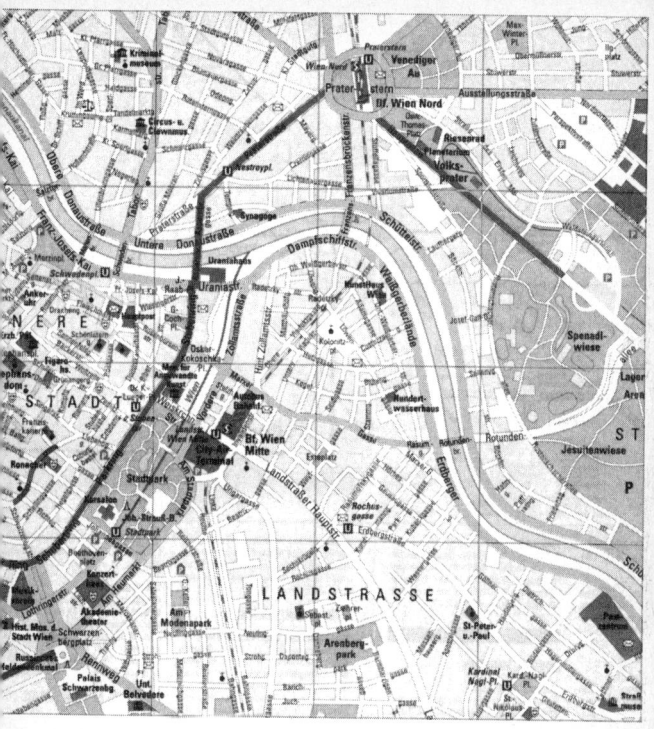

(Gasthaus Leidinger, Kärntner Straße 61) – (Café Hochleitner?) –
(Reiterkaserne Hamerlingplatz) – Aspernbrücke – (Kagran) – (Ronacher, Seilerstätte 9) – (Gußhausstraße) – Prater – Zweites Kaffeehaus, Praterhauptallee 9 – (Gasthaus »Zum Weingartl«, Getreidemarkt 5) – Nordbahnhof, Praterstern – (Schießstätte, Wagramer
Straße / Arbeiterstrandbadgasse) – Praterstraße – Kirche: St.-Nepo-
muks-Kirche, Praterstraße – Burghof – Volksgarten, Burgring –
(Strozzigasse) – (Florianigasse)

13,5 *Blödisten:* dumme Menschen; Wortbildung in Analogie zu »Zivilist«.

13,26 *Kadettenschulen:* ⌊Die Kadettenschulen der österreichisch-ungarischen Monarchie, die allen 14jährigen mit normaler Schulbildung offenstanden, boten vor allem für die Söhne aus dem kleinen und mittleren Bürgertum Aufstiegschancen. Als Aufsteiger oder Klassenwechsler befanden sich diese aus den Kadettenschulen hervorgegangenen mittelständischen Offiziere dem traditionell adeligen Offizierskorps, aber auch den Zivilisten aus dem gehobenen Bürgertum gegenüber allerdings oft in einer prekären, konfliktreichen Situation (vgl. dazu Knilli, 1976, S. 148). Der aus kleinen Verhältnissen stammende Gustl verkörpert idealtypisch den Klassenaufsteiger mit Hilfe der militärischen Laufbahn.⌋

14,1 *Stockschnupfen:* starker, hartnäckiger Schnupfen.

14,2 f. *als wenn er direkt mich gemeint hätt':* Gustls Vermutung, der Doktor wüßte von seinem eigenen Verweis aus dem Gymnasium, ist nicht unwahrscheinlich. Schnitzler verwendet in seinem Werk häufig die Figur des Arztes als isolierten, in seiner Funktion oft attackierten Trägers der Wahrheit (Professor Bernardi, Dr. Wehwald in *Das Tagebuch der Redegonda*, Dr. Mauer in *Das weite Land* – vgl. dazu Lawson, 1962, S. 19).

14,8 *Rock:* des Kaisers Rock; Metonymie für die Uniform der k. u. k. Armee.

14,15 *Tintenfisch:* in Analogie zum »Bücherwurm« abwertende Bezeichnung für schreibende Berufe bzw. Intellektuelle.

14,19 f. *»Ihr, seine Engel, lobet den Herrn«:* Schlußvers des Schlußchors (Nr. 44) von Mendelssohns Oratorium *Paulus*.

15,3 *Ende mit Schrecken:* Psalm 73,19; in der erweiterten Form »Lieber ein Ende mit Schrecken als ein Schrecken ohne Ende« dem preußischen Offizier Ferdinand von Schill (1776–1809) zugeschrieben.

15,18 *Leidinger:* elegantes Gesellschaftsrestaurant im I. Bezirk (Kärntner Straße 61), in dem auch Schnitzler verkehrte.

15,25 f. *Major von Fünfundneunzig:* Major des Galizischen Infanterieregiments Nr. 95.

15,30 *Fratz:* Kind, meist unartig, aber auch pfiffig.

16,21 *Säbel:* s. Anm. zu 29,28.

16,23 *sein S' ... stad:* (umgangsspr.) seien Sie still; halten Sie den Mund.

17,22 *stante pede:* (lat.) stehenden Fußes, sofort.

17,30 *Sechserl:* Silbermünze, 1/10 Gulden, also 6 Kreuzer (1 Gulden = 60 Kreuzer). Der Name ging auf die 10-Kreuzer-Münze und nach der Währungsumstellung 1892 auch auf das 20-Heller-Stück über.

18,28 *Tapper:* Tapp-Tarock, skatähnliches Kartenspiel zu dritt mit 36 Karten; das Wort spielt mit dem homonymen wienerischen Begriff *Tapper* für ›plumper Griff‹.

19,2 *quittieren:* den Dienst aufgeben.

19,3 *mit Schimpf und Schand':* redensartliche Alliteration, häufig für den unehrenhaften Austritt aus der Armee verwendet.

19,3 f. *Freiwillige:* Wehrpflichtige, die aufgrund höherer Schulbildung nur ein Jahr (statt drei) zu dienen brauchten, wenn sie sich freiwillig meldeten (s. auch Anm. zu 22,25).

19,6 *Café Hochleitner:* das einzige der genannten Lokale, das nicht identifiziert werden konnte. Um 1900 ist in Wien nur ein Gasthaus Franz Hochleitner im III. Bezirk nachweisbar.

19,26 *Reiterkasern':* Kavalleriekaserne beim heutigen Hamerlingplatz im VIII. Bezirk (Josefstadt); errichtet 1772–1777, abgerissen 1903.

19,27 f. *satisfaktionsunfähig:* nach dem Ehrenkodex der k. u. k. Armee nicht duellfähig.

19,32 *Ehrenrat:* aus Offizieren zusammengesetzte Kommission zur Untersuchung von Ehrensachen, um die Ehre

des Offiziersstandes zu wahren und gegen Mitglieder
einzuschreiten, die diese verletzen. Wegen der Veröffentlichung der Novelle *Leutnant Gustl* wurde Schnitzler
selbst aufgrund eines Ehrenratsbeschlusses seines Offizierscharakters für verlustig erklärt (s. S. 46–54).

20,8 *das Mensch:* (Plural: Menscher) abwertend für: Mädchen, junge Frau. Zum Typ des »süßen Mädels« aus der
Vorstadt, das Schnitzler als gefügige Partnerin der Herren
der »besseren« Gesellschaft für vor- und außereheliche
Kontakte vielfach abbildet, erläutert er in seiner Autobiographie: »Prototoyp einer Wienerin, reizende Gestalt, geschaffen zum Tanzen [...] geschaffen zum Küssen – ein
Paar glänzende lebhafte Augen. Kleidung von einfachem
Geschmack und dem gewissen Grisettentypus – der Gang
hin und her wiegend – behend und unbefangen – die
Stimme hell – die Sprache in natürlichem Dialekt vibrie-
rend; was sie spricht – nur so, wie sie eben sprechen kann
– ja muß, das heißt lebenslustig, mit einem leisen Anklang
von Übereiligkeit. ›Man ist nur einmal jung‹, meint sie
mit einem halb gleichgültigen Achselzucken. – Da gibts
nichts zu versäumen, denkt sie sich [...] Und wäre ich
etwa in einem bösen Prüfungstraum verpflichtet, einem
pedantischen Literaturprofessor unter den Mädchen, die
ich gekannt, eines als das eigentliche Urbild des süßen
Mädels zu bezeichnen, so könnte es nur die kleine, blonde
Anni sein [...], die verdorben war ohne Sündhaftigkeit,
unschuldsvoll ohne Jungfräulichkeit, ziemlich aufrichtig
und ein bißchen verlogen, meistens sehr gut gelaunt und
doch manchmal mit flüchtigen Sorgenschatten über der
hellen Stirn, als Bürgertöchterchen immerhin nicht ganz
wohl geraten, aber als Liebchen das bürgerlichste und un-
eigennützigste Geschöpf, das sich denken läßt« (Jugend in
Wien, S. 111, 147). – Zur Revision des Mythos vom süßen
Wiener Vorstadtmädel vgl. Eva Viethen-Vobruba, »Wiener
Vorstadtmädel. Unterschiede zu einem literarischen Kli-
schée«, in: Lulu, Lilith, Mona Lisa..., 1989, S. 217-245.

20,16 *Beisl:* einfache, volkstümliche Gaststätte.

20,33 f. *ganz wehrlos sind wir gegen die Zivilisten:* Nach der inneren Logik des militärischen Ehrenkodex befindet sich Gustl tatsächlich in einer Pattsituation. Er hätte den Bäckermeister sofort mit seiner Waffe bedrohen und zum Widerruf zwingen müssen, daran hat ihn aber jener gerade gehindert. Auch eine gerichtliche Beleidigungsklage ist für Gustl nicht möglich, denn da müßte er die erlittene Beleidigung schildern und sie dadurch erst öffentlich bekanntmachen. Und verlegt ist ihm schließlich auch der Weg, mit einer Duellforderung seine Ehre wiederherzustellen, denn »das Duell als Ausfluß des militärisch beanspruchten situativen Gewaltmonopols« beruht auf der Voraussetzung, daß »eine gewaltförmige Auseinandersetzung nur mit sozial gleichrangigen Personengruppen« gestattet ist – nach dem militärischen Reglement ist ein mittelständischer Bäckermeister nicht duellfähig. (Vgl. dazu Laermann, 1977b, S. 131f.)

21,9 *Mandat:* Vollmacht; Auftrag, beim morgigen Duell Gustls Sekundanten zu sein. Jeder Duellant stellt zwei Sekundanten. Sie überbringen die Duellforderung, vereinbaren die Bedingungen und fungieren als Zeugen.

21,31 *Fleischselcher:* selchen (bayr., österr.): räuchern.

22,1 *Punktum und Streusand d'rauf:* Ablöschen einer Niederschrift nach dem letzten Punkt mit Streusand als Bild für den endgültigen Abschluß einer Angelegenheit.

22,13 *Jagendorfer:* Georg J. J., bekannter Athlet und Ringkämpfer der Zeit; hatte 1897 eine »Privatschule für Keulenschwingen« im VII. Bezirk. Karl Kraus erwähnt Jagendorfers beliebte Schaukämpfe im Zirkus Schumann (*Frühe Schriften. 1892–1900*, Bd. 1, hrsg. von Johann J. Braakenburg, München 1979, S. 183).

22,16 *Aspernbrücke:* Brücke beim Stubenring über den Donaukanal. Erbaut 1863/64, benannt nach der Schlacht bei Aspern (1809), in der erstmals ein von Napoleon geführtes Heer keinen Sieg erringen konnte.

22,17 *Kagran:* ursprünglich selbständige Gemeinde jenseits der Donau im Norden Wiens; kam 1905 mit anderen Orten als XXI. Bezirk Floridsdorf zu Wien, 1938 dem neugeschaffenen XXII. Bezirk Groß-Enzersdorf angegliedert, der seit 1954 Donaustadt heißt.

22,22 *Ronacher:* 1887/88 vom Theaterarchitekten-Team Ferdinand Fellner d. J. und Hermann Helmer für den Theater- und Vergnügungsunternehmer Anton Ronacher (1841–92) erbautes Etablissement im I. Bezirk (Seilerstätte 9) an der Stelle des abgebrannten Stadttheaters. Konzipiert als Vereinigung von Theater, Ballsaal, Hotel, Restaurant und Kaffeehaus, später Varieté, heute als Theater genutzt.

22,25 *Einjährigen:* Gustls Statusangst bezieht sich auf das damals relativ neue Institut des Reserveoffiziers, das Einjährig-Freiwilligen nach Ablauf ihrer Dienstzeit die gleichen Privilegien einräumte wie Berufsoffizieren. Teile des Offizierskorps erlebten diese Einrichtung als gefährlichen Verlust sozialer Exklusivität. Laermann (1977a) weist auf die enge Verbindung dieser sozialen Bedrohung mit antisemitischen Vorurteilen hin, denn »die Prestigeeinbuße der Berufsoffiziere gegenüber den Reserveoffizieren mußte umso größer sein, je häufiger es (was selten genug vorkam) Juden gelang, auf diesem Weg ein Offizierspatent zu erwerben. Wie in anderen Bereichen der Gesellschaft schien die Statusangst als auslösendes Moment des Antisemitismus auch beim Militär durch die bloße Möglichkeit gleichrangiger sozialer Berührung gerechtfertigt« (S. 125). Auch Schnitzler absolvierte ab Oktober 1882 seine Militärzeit als Einjährig-Freiwilliger im Garnisonsspital Nr. 1 im IX. Bezirk (Van-Swieten-Gasse 1).

22,28 *Distinktion:* Auszeichnung, Stand.

22,30 *was scher' ich mich:* (umgangsspr.) was kümmere ich mich.

Gemeiner: Soldat ohne Charge; s. Anm. zu 37,22.

22,32 f. *Ehre verloren, alles verloren:* redensartliche Umkehr des berühmten Ausspruchs von Kaiser Franz I. (1494–1547) nach seiner Niederlage in der Schlacht bei Pavia (1525) aus dem Brief an seine Mutter: »Alles ist verloren, nur die Ehre nicht«.

23,10 f. *Armee-Steeple-Chase: Steeple-Chase* (engl.; wörtl.: Kirchturmjagd): Pferderennen über mindestens 3000 Meter mit natürlichen und künstlichen Hindernissen.

23,15 *Person:* abwertend für: käufliche Frau. Vor allem die seit der Registrierungspflicht von 1873 verbotene geheime Prostitution war im Wien der Jahrhundertwende ein weit verbreitetes Phänomen. Um 1910 soll es hier 40 000 Prostituierte gegeben haben, von denen wenig mehr als 7000 registriert waren (vgl. Pollak, 1997, S. 216).

23,18 *Przemysl:* galizische Garnisonsstadt an der Ostgrenze des Habsburgerreiches, im heutigen Polen, nahe der ukrainischen Grenze.

23,22 *Sambor:* galizische Kreisstadt, heute ukrainische Grenzstadt zu Polen.

23,33 *Mordsrausch: Mords-* als Präfix zur Bedeutungsverstärkung im Sinn von ›groß, riesig, gigantisch‹.

24,19 *roten Latern':* Die rote Laterne, auch Ampel genannt, ist ein typisches Accessoire erotischer Interieurs der Dekadenzliteratur (vgl. Fischer, 1978, S. 77 f.; Keller, 1984, S. 89). Sie fehlte auch nicht in Schnitzlers eigener Junggesellen-Dienstwohnung im Allgemeinen Krankenhaus im IX. Bezirk (Alserstraße 4), wo er 1885–88 als Sekundararzt tätig war: »Außerdem gab es an stimmungsvollen Dingen ein Pianino, einen Bett-Teppich, in den zwei spielende Kinder gestickt waren, eine rot-grüne Ampel, die von der Decke herabhing« (Jugend in Wien, S. 273).

24,22 f. *Gußhausstraße:* im IV. Bezirk (Wieden) hinter der Karlskirche.

24,32 *Prater:* Weitläufiges Augebiet an der Donau im Nordosten Wiens. Nachdem der bis dahin als kaiserliches Jagd-

gebiet genutzte Naturpark 1766 unter Kaiser Joseph II.
für die Bevölkerung als Naherholungsgebiet zugänglich
gemacht wurde, entstand im zur Stadt hin gelegenen
Teil ein großer Vergnügungspark, Volks- oder Wurstel-
prater genannt. Neben zahlreichen volksfestartigen Ver-
anstaltungen und Umzügen zu kaiserlichen Jubiläen
usw. war der Prater 1873 auch Schauplatz der Weltaus-
stellung. Schnitzler notiert im Tagebuch wie in seiner
Autobiographie häufig Spaziergänge und -fahrten in den
Prater.

25,9 *noch nichts blühen:* Schnitzler verwendet häufig blü-
hende oder belaubte Bäume in Wäldern und Parkanlagen
als sexuelle Motive (vgl. Lawson, 1962, S. 11). Auch
Gustls diesbezügliche Beobachtungen sind wiederholt
gefolgt von erotischen Reminiszenzen (vgl. z. B. 38,4 f.:
»Da schlagen die Bäume aus …«).

25,12 *schier:* beinahe.

25,21 f. *Herr Leutnant:* Daß Gustl für sich selbst »die ob-
jektivierende, sich selber als Charge nehmende Anrede-
form« verwendet, zeigt, daß er auch dort, wo er an sein
innerstes Selbst appelliert, »dieses Selbst im selben Atem-
zug mit seiner Rolle wieder zudeckt und auslöscht; in
solcher Contradictio in adjecto löst Gustl jegliche subjek-
tiv-verantwortliche Substanz seines Ich auf« (Lindken,
1970, S. 98).

25,22 *Pflanz:* (umgangsspr.) Spiegelfechterei, Schwindel,
Lüge, Großtuerei.

25,25 f. *das zweite Kaffeehaus:* Zwischen 1782 und 1790
wurden in der Praterhauptallee (Nr. 4, 9 und 12) drei
Kaffeehäuser errichtet, die um 1900 als Gasthäuser der
gehobenen Gesellschaft galten. Sie waren auch Schauplatz
von Theater- und Operettenaufführungen.

26,7 *Kappl:* (umgangsspr.) Kappe, Schirmmütze; Teil der
Leutnantsuniform.

26,21 *basta:* (ital.) fertig, es ist genug, es reicht.

26,22 *Leich':* (umgangsspr.) Leichenbegängnis, Begräbnis.

26,24 *Kombattanten:* (frz.) (Mit-)Kämpfer; hier: Duellgegner.

26,30 *Cour machen:* den Hof machen, umschmeicheln (von frz. *cour* ›Hof‹, ›Aufwartung‹).

27,4 *Schliff:* Die Verwendung militaristischen Vokabulars für erotische Belange zeigt, wie sehr die Armee Leben und Denken Gustls prägt. Diesen Zusammenhang konstatiert Schnitzler auch für seine eigene Militärzeit: »Kaum war ich in die Uniform geschlüpft – als hätte ich oder mein Schicksal nur ein banales Stichwort abgewartet –, fing ich bewußter an, auf das auszugehen, was man mit einem allzu heroischen Wort Eroberungen zu nennen pflegt« (Jugend in Wien, S. 139).

27,7 *Graz:* Hauptstadt des Bundeslandes Steiermark, rund 210 km südlich von Wien. In der Monarchie beliebter Wohnort von Beamten im Ruhestand, daher auch »Pensionopolis« genannt.

27,14 *Hascherl:* (umgangsspr.) armes Kind, schwächliche, arme Person (von mhd. *haeschen* ›schluchzen‹).

29,3 *Burschen:* Offiziersdiener.

29,15 f. *Gummiradler:* (umgangsspr.) Kutsche mit gummibereiften Rädern.

29,18 *Zeug'l:* (umgangsspr.) Kutsche, Pferdegespann.

29,28 *Säbel:* Laermann (1977a) hat auf die offen phallische Bedeutung des Säbels in dieser Episode hingewiesen: »Phallus und Säbel werden nicht allein durch ihr Nebeneinander und durch ihre Gleichzeitigkeit in der Szene aufeinander bezogen, sondern vor allem durch den Blick des hinzutretenden Kameraden. Daß der lachen muß, läßt zudem darauf schließen, daß er Gustl mit vom Traum erigiertem Glied überrascht hat« (S. 119). In dieser Lesart ist die Tatsache, »daß Gustl in der Auseinandersetzung mit dem Bäckermeister daran gehindert wird, seinen Säbel zu ziehen, als symbolische Kastration zu interpretieren. Gustl wird in dieser Situation nicht nur um die Darstellung eines Zeichens seiner Kaste gebracht, er wird symbolisch seiner Männlichkeit beraubt. Obwohl ihm das selbst nicht bewußt ist, darf eine Interpretation es nicht übersehen, die die Grenzen seines Bewußtseins zu bestimmen versucht« (ebd.).

30,26 *Krieg:* Die nächsten kriegerischen Ereignisse sind 1908 die Annexion Bosniens und Herzegowinas und 1912/13 der Balkankrieg.

30,30 ›*Lohengrin‹:* Romantische Oper in drei Akten von Richard Wagner (1813–83); Uraufführung: 28. August 1850 in Weimar. Politzer (1962, S. 52) vermutet, Gustl liebe diese Oper, »weil er sich mit dem Schwanenritter identifiziert«, der seine Elsa am Ende verläßt.

31,5 *Fischamend:* Militärischer Fluch in Analogie zum gebräuchlichen »Sakrament«; bei Fischamend in Niederösterreich, donauabwärts von Wien gelegen, war ein militärischer Truppenübungsplatz, wo auch Schnitzler während seines Einjährig-Freiwilligen-Jahres an einem dreitägigen Manöver teilnahm (Jugend in Wien, S. 170). Politzer (1962, S. 52) interpretiert, Gustl fühle sich wie ein Fisch, der »am Ende« ist, weshalb er »im Aufwachen den Ort assoziiert«.

31,26 *Krampen:* (umgangsspr.) hier: magerer Gaul, Mähre.

31,29 *Veigerln:* (umgangsspr.) Veilchen.

31,30 *Schubiak:* auch »Schubiack«: Lump, niederträchtiger Mensch.

31,31 *Weingartl:* Gasthaus »Zum Weingartl« im VI. Bezirk (Mariahilf, Getreidemarkt 5); Stammlokal der Künstler des nahegelegenen Theaters an der Wien.

32,16 *Raunzen:* (umgangsspr.) weinerliche, nörglerische Person.

32,25 *dann wär' Rest:* dann wäre es zu Ende.

33,4 *gespieben:* von *speiben* (umgangsspr.) ›speien, erbrechen‹.

33,6 *laßt sich das … nicht anerkennen:* läßt sich das nicht anmerken. Die umgangssprachliche Wendung lautet eigentlich »sich etwas ankennen lassen«; gespielt wird hier mit dem Wort »anerkennen« im Sinn von ›akzeptieren, achten‹.

33,9 *Nordbahnhof:* 1859–65 durch Theodor Hoffmann in romantisch-historisierendem Stil erbaut (Zugverkehr Richtung Brünn). 1944/45 durch Bomben zerstört; seine Funktion übernahm der aus verkehrstechnischen Gründen an benachbarter Stelle erbaute Schnellbahnhof Praterstern.

33,9 f. *Tegetthoffsäule:* Tegetthoffdenkmal am Praterstern vor dem Nordbahnhof, 1886 errichtet von Karl Kundmann (Skulptur) und Carl Hasenauer (Architektur). Eine elf Meter hohe, durch bronzene Schiffsschnäbel unterbrochene Marmorsäule dient als Piedestal für die 3,5 Meter hohe bronzene Statue. Admiral Wilhelm Tegetthoff (1827–71) war 1864 Sieger im Seegefecht bei Helgoland über die Dänen, 1866 vor Lissa über die Italiener.

33,16 *Bahnzeit:* Die Eisenbahn machte die 1893 mit einer internationalen Vereinbarung festgesetzte Regelung für die bürgerliche Einheitszeit (für Österreich galt die Mitteleuropäische Zeit, die damaligen östlichen Kronländer der Monarchie rechneten nach der Osteuropäischen Zeit) nicht mit, sondern fuhr nach einer gemeinsamen Eisenbahnzeit.

33,21 *Melange:* lichter Kaffee, etwa gleich viel Milch und Bohnenkaffee.

33,21 f. *Kipfel:* auch Kipferl: Wiener Weißgebäck in Halbmondform (Hörnchen). Die Legende, das Kipferl stamme aus der Zeit der Türkenbelagerung von 1683, ist historisch nicht haltbar. Der früheste Beleg für das Wort datiert in das 13. Jahrhundert.

33,23 f. *dem wird der Knopf aufgeh'n:* (umgangsspr.) dem wird ein Licht aufgehen, der wird endlich begreifen (von umgangsspr. »Knopf« für ›Knoten‹; aber auch ›dummer Mensch‹).

33,27 *insultiert:* beleidigt.

33,27 *Fallot:* auch »Fallott«, »Falott«: (umgangsspr.) Gauner (von lat. *fallere* ›betrügen‹).

34,9 f. *Vierundvierziger:* 44. Ungarisches Infanterieregiment.

34,10 *Schießstätte:* Der sog. Elementarschießplatz im XXI. Bezirk an der alten Donau (Ecke Wagramer Straße 29b, Arbeiterstrandbadgasse 128); 1871 von der Heeresverwaltung errichtet, bis 1945 in Verwendung.

34,27 *Praterstraße:* Hauptstraße des II. Bezirks (Leopoldstadt), Verbindung vom Prater zum Donaukanal Richtung innere Stadt. Schnitzler wurde in der Praterstraße (damals: Jägerzeile) 16 geboren.
Zug: Militärische Untereinheit: drei bis vier Züge zu je drei bis vier Gruppen bilden eine Kompanie, zwei Züge zu je zwei bis vier Geschützen eine Batterie. Zugführer ist ein Leutnant oder Feldwebel.

34,29 *Schneid:* (umgangsspr.) Schneide, Schärfe; übertragen: Mut.

34,33 *Komfortabelkutscher:* Komfortabel: einspännige Mietkutsche (von engl. *comfortable* ›bequem‹).

34,35 *Contenance:* (frz.) Haltung, Fassung.

35,11 *Nachtkastelladel:* (umgangsspr.) Schublade im Nachttisch.

35,17 *Modistin:* Hutmacherin.

35,22 *Jänner:* (österr.) Januar.

35,23 *Zuckerln:* (österr.) Bonbons.

35,27 f. *Was mir das schon aufliegt:* (umgangsspr.) was mich das schon kümmert.

35,31 *Makulatur:* Begriff aus dem Druckereiwesen: Fehldruck; im übertragenen Sinn: Altpapier, Abfall.

35,32 *›Durch Nacht und Eis‹:* Gemeint ist wahrscheinlich Fridtjof Nansens Werk *In Nacht und Eis. Die Norwegische Polarexpedition 1893–1896,* 2 Bde., Leipzig 1897.

35,34 *Kirche:* wahrscheinlich die St.-Nepomuks-Kirche in der Praterstraße. Urbach (1974, S. 107) vermutet, da Gustl »von der Praterstraße kommend quer durch die In-

nere Stadt in Richtung VIII. Bezirk« gehe, es handle sich
um den Stephansdom im I. Bezirk.

35,35 *Feber:* (österr.) Februar.

36,25 *macht blöd:* fördert »nicht-militärische Gedanken«
(s. Anm. zu 13,5 *Blödisten*).

37,22 *Chargen:* Offiziere und Unteroffiziere.

Britannikas: Zigarren zu 14 Heller das Stück, etwas billi-
ger als die später erwähnte Trabucco (Urbach, 1974,
S. 107).

37,25 *Rapport:* Bericht, dienstliche Meldung.

37,27 *Burghof:* innerer Hof des Gebäudekomplexes der
Hofburg im I. Bezirk. Seit Mitte des 12. Jahrhunderts Re-
sidenz der Babenberger, seit 1280 der Habsburger; Regie-
rungs- und Wohnsitz des Kaisers.

37,28 *Bosniaken:* etwas geringschätzige Bezeichnung für An-
gehörige eines Regiments aus Bosnien-Herzegowina.

37,29 *im 78er Jahr:* Nach dem Aufstand 1875 in der Herzegowina, der sich zu einem Befreiungskrieg Montenegros
und Serbiens gegen die Türken ausweitete, begann Ruß-
land 1877 einen Krieg gegen die Türken mit dem Ziel der
Besetzung weiter Teile der Balkanstaaten. Daraufhin an-
nektierte Österreich Bosnien und Herzegowina mit Unterstützung der Westmächte, die auf dem Berliner Kon-
greß 1878 Österreich-Ungarn das europäische Mandat
zur unbefristeten Besetzung übertrugen.

38,1 *Wymetal:* vermutlich eine Anspielung auf Wilhelm von
Wymetal (1863–1937), Schauspieler, später Oberspiellei-
ter an der Wiener Staatsoper; spielte am Neuen Deutschen Theater in Prag in einer Reihe von Schnitzler-In-
szenierungen, unter anderem auch den Husarenleutnant
Vogel in dem ebenfalls die Duellproblematik behandeln-
den Schauspiel *Freiwild* (Briefe 1875–1912, S. 887).

38,5 *Volksgarten:* Wiener Parkanlage, angelegt 1821–23 zwischen Hofburg und Burgtheater. Im Kaffeesalon im Volksgarten konzertierten Johann Strauß (1804–49) und Josef
Lanner (1801–43), später dann diverse Militärkapellen.

38,6 *Strozzigasse:* im VIII. Bezirk (Josefstadt).

39,4 *Kaution:* Um heiraten zu können, mußte jeder junge Leutnant eine Kaution hinterlegen, deren Höhe je nach Rang genau festgelegt war und die von der Braut als Mitgift in die Ehe eingebracht werden mußte.

39,18 *Florianigasse:* im VIII. Bezirk (Josefstadt).

39,32 *Tarock:* (von ital. *tarocco*), auch Tarot (von frz. *tarot*): Kartenspiel; verschiedene Spielvarianten mit unterschiedlicher Kartenzahl für drei oder vier Teilnehmer.

39,36–40,1 *schlieft ... hinein:* (umgangsspr.) schlüpft hinein (von ahd. *sliofan*).

40,9 *Haut:* Die sich auf kochender Milch absetzende Haut galt vor allem in der einfachen Bevölkerung oft als Leckerbissen (Politzer, 1962, S. 53).

40,18 *kein leerer Wahn:* Anspielung auf den Schlußvers von Friedrich Schillers Ballade *Die Bürgschaft:* »Und die Treue, sie ist doch kein leerer Wahn – / So nehmet auch mich zum Genossen an! / Ich sei, gewährt mir die Bitte, / In eurem Bunde der Dritte.« Die Bildungsphrase, die sich im Denken Gustls mit dem Wohlbehagen an der heißen Tasse Kaffee verbindet, setzt einen ironischen Schlußpunkt in der unfreiwilligen Selbstentlarvung durch den ungehemmt dahintreibenden Bewußtseinsstrom.

40,21 *Semmeln:* (österr.) Weißgebäck.

40,31 *um zwölf der Schlag getroffen:* Als Gustl nach dem Streit mit dem Bäckermeister seine nächtliche Wanderung beginnt, zählt er die Glockenschläge: es ist elf Uhr (20,11 f.). Eine Druckseite später spielt er mit dem Gedanken, den Bäckermeister könnte »heut' nacht der Schlag« treffen (21,20). Dieser Todeswunsch und der reale Tod des Bäckermeisters sind also ungefähr zeitgleich erfolgt. Der Psychoanalytiker Theodor Reik nennt in seiner zuerst 1913 erschienenen Untersuchung *Arthur Schnitzler als Psycholog* die »Allmacht der Gedanken« als eines der »eigentümlichen typischen Motive der Schnitzlerschen Dichtung« (1993, S. 45) und zieht dazu auch die Novelle *Leutnant Gustl* als Beleg heran: »Ich möchte nicht versäumen, hier noch einen schönen Fall der Wunschkraft anzuführen, der im ›Leutnant Gustl‹ zu finden ist. Durch diese Macht wird der dicke Bäckermeister, der das ganze Lebensglück des Leutnants zu zerstören droht, vom Schlage getroffen. Daß dieser Ausgang dem Leutnant so überraschend kam, wird uns nicht daran hindern anzunehmen, daß er ihn unbewußt gewünscht hat.« (S. 44)

41,1 f. *neben die Herren Offiziere:* österreichischer Akkusativ.

41,16 *Bussel:* auch Busserl: (umgangsspr.) Kuß.

41,22 *auf'm Fleck:* vom Fleck weg, sofort.

41,32 *aufs Billard:* auf den Billardtisch, der – wie das Schachbrett – zum Standardinventar des Wiener Kaffeehauses gehörte.

42,1 f. *nichts ist g'scheh'n:* »Gut ist es gegangen, nichts ist geschehen«: gebräuchliche österreichische Redensart für ›noch einmal davongekommen sein‹.

42,10 *alles g'hört wieder mein:* (umgspr.) alles gehört wieder mir.

42,11 *einbrock':* (umgangsspr.) in den Kaffee eintauche.

42,18 *Trabucco:* bessere Mittelklassezigarre der Österreichischen Tabakregie (klein, hell, leicht), zu 16 Heller das Stück (vgl. Urbach, 1974, S. 107).

42,24 f. *und wenn's Graz gilt:* (Militärjargon) um jeden Preis, auch wenn alles auf dem Spiel steht. Gustl wählt diese Wendung (die auf einen Ausspruch Kaiser Ferdinands II. zurückgehen soll) unbewußt vielleicht auch, weil er seine Heimatstadt Graz, mit der ihn nur unangenehme Erinnerungen verbinden, besonders gern »aufs Spiel setzt« (Politzer, 1962, S. 53 f.).

42,27 *Krenfleisch:* kleingeschnittenes Rindfleisch mit Meerrettich (österr.: Kren) und Essig gekocht.

II. Zur Entstehungsgeschichte

Aus Reichenau/Rax, einem kleinen Sommerfrischeort etwa 100 Kilometer südlich von Wien, wo ARTHUR SCHNITZLER im Kurhotel Thalhof – mit der Wirtin, Olga Waissnix, verband ihn eine jahrelange, unerfüllte Liebe – zahlreiche Urlaube verlebte, schrieb er am 17. Juli 1900 an Hugo von Hofmannsthal:

»mein lieber Hugo, wenn Sie diesen Brief bekommen, sind Sie schon wieder zurück von Ihrem kleinen Ausflug und haben hoffentlich alle Verdrossenheit verloren. *Ich* wüßte wirklich nicht, was ich jetzt ohne Arbeit beginnen würde. Komme ich durch äußere Umstände, unruhige Verhältnisse durch einige Tage nicht dazu, wenigstens ein paar kurze Stunden zu schreiben, so versinke ich in eine wahre Schwermut. Hier bin ich nun im ganzen gut dran. Ob viel dabei herauskommen wird, bei dem nämlich was ich jetzt schreibe, ist ja noch nicht sicher, aber das wesentliche liegt ja wo anders. Nachher gibts ja beinah nur Ärger, ob einem was gelungen ist oder nicht. Ich habe hier ein kleines Lustspiel neu geschrieben (dessen erste Fassung vor zwei Jahren in Tegernsee unter glücklichern Umständen entstand)[1] und bin jetzt mit einer ziemlich sonderbaren Novelle[2] beschäftigt, die mir viel Freude macht. Von dieser hoff ich zuversichtlich, daß sie auch Ihnen andern Freude machen wird. [...]«

Arthur Schnitzler: Briefe 1875–1912. Hrsg. von Therese Nickl und Heinrich Schnitzler. Frankfurt a. M.: S. Fischer. 1981. S. 387. – Mit Genehmigung des S. Fischer Verlags GmbH, Frankfurt a. M. [Im folgenden zit. als: Briefe 1875–1912.]

---

1 *Die Quellen des Nil.*
2 *Leutnant Gustl*, geschrieben 14.–19. Juli 1900.

Im Tagebuch notiert SCHNITZLER die Entstehung der Novelle mit jener »aktenmäßige[n] Trockenheit« (Jugend in Wien, S. 181), mit der er die Arbeit an literarischen Werken minutiös festhält, »jedoch – wie bei den Träumen und der Selbstanalyse – wird nur das *factum brutum*, die krude Tatsache erwähnt, kaum aber werden begleitende Reflexionen, erläuternde Zusätze, persönliche Intentionen zur Sprache gebracht, die die Tagebücher für die Deutung einzelner Werke Arthur Schnitzlers interessant machen könnten« (Fischer, 1998, S. 29).

»27/5 S[3]. – Mit S. und M[4]. – Puchberg – Baumgartnerhaus – Dort oben Lieutenantgesch. skizzirt – nach Payerbach. Wien. – [...]
17/7 [...] Arbeite: Nilquellen, Lieuten. Gustl. [...]
19/7 [...] Nachm. ›Ltn. Gustl‹ vollendet, in der Empfindung, dass es ein Meisterwerk. [...]
3/9 Beginne Ltnt. Gustl. zu dictiren. [...]
23/9 [...] Nm. D. M.[5] bei mir, las ihr ›Gustl‹ vor. [...]
28/10 [...] Abd. bei Richard[6] (Hugo[7], Leo[8], Salten, Gustav[9]) Ltn. Gustl mit Erfolg vorgelesen.«

Arthur Schnitzler: Tagebuch 1893–1902. [Hrsg. von] Werner Welzig. Wien: Verlag der Österreichischen Akademie der Wissenschaften, 1989. S. 330, 333, 335, 337, 339. – Mit Genehmigung des Verlags der Österreichischen Akademie der Wissenschaften, Wien.
[Im folgenden zit. als: Tagebuch 1893–1902.]

3 Felix Salten (1869–1947), Erzähler, Dramatiker und Publizist.
4 Ottilie Metzl (1868–1942) Schauspielerin, seit 1902 verheiratet mit Felix Salten.
5 Dina Marius, Pseudonym für Olga Gussmann (1882–1970), seit 1903 mit Arthur Schnitzler verheiratet,
6 Richard Beer-Hofmann (1866–1945), Dramatiker, Lyriker und Erzähler.
7 Hugo von Hofmannsthal (1874–1929), Dramatiker, Lyriker und Erzähler.
8 Leo Van-Jung (1866–1939), Gesangspädagoge.
9 Gustav Schwarzkopf (1853–1939), Dramatiker, Erzähler und Kritiker.

Im Nachlaß Arthur Schnitzlers findet sich in der Mappe 167 (Novellenfragmente) eine frühe Fassung des *Leutnant Gustl*, die parodistische Züge trägt. Barbara Surowska vergleicht sie mit der späteren Veröffentlichung:

»Es gibt eine unveröffentlichte frühe Fassung von ›Leutnant Gustl‹, die Schnitzler als eine Parodie entworfen hat. Gustl ist hier ein selbstzufriedener und vergnügter Mensch. Die ganze Welt scheint ihm zu gefallen. Wie der Gustl der späteren Fassung ist auch er amusisch, doch in dem Konzert wird ihm die Zeit nicht lang, er ist bester Laune und unterhält sich (wie jener übrigens auch) auf seine Art, indem er sich eine schöne Dame in der Loge anschaut oder unter den Sängerinnen die Schwester von seinem Kameraden Kopetzky zu erkennen sucht. Wie in der späteren Fassung hat er auch hier ein Freibillett von Kopetzky bekommen. Der Grund für den Konzertbesuch ist der gleiche: die freie Eintrittskarte einerseits und der Umstand, daß ihm Fräulein Stephanie für diesen Abend abgeschrieben hat (und zwar wegen eines Bräutigams, der in der späteren Fassung nur mit ›er‹ bezeichnet wird), anderseits behauptet Gustl hier, der später die Stephanie verächtlich ›das Mensch‹ nennt, sie eigentlich zu lieben, aber er habe noch nicht den Mut gefunden, ihr es zu gestehen. Hier wie dort wird Gustls Sinnlichkeit sehr stark betont. In der Parodie läßt Gustl allerdings die Stephanie ›aus sittlichen Gründen‹ unberührt. Wahrscheinlich gibt er einen schlechten Konkurrenten ihres Bräutigams ab, aber persönlich hat er eine andere Erklärung: als Nicht-Zivilist könne er mit dem Fräulein Stephanie nicht ›anbändeln‹. Damit gibt er zu verstehen, daß er sich mit seinem Stande völlig identifiziert. Es ist ein Zug, der auch in der endgültigen Fassung für Gustl charakteristisch ist. Gustl als typischer Vertreter des Offizierkorps ist natürlich zugleich ein Antisemit. In der Parodie erklärt er zwar, daß ihm ›Christen oder Juden vollkommen gleich lieb‹ seien; (er ›liebt‹ auch den Bräutigam von der Stephanie, dessen Nase

ihm sehr jüdisch erscheint), doch sagt er es nur, weil er wohl
zu wissen glaubt, daß bei dem ›Militär eben nicht nach der
Konfession gefragt (wird): ob Jud oder Christ, wer tüchtig
und anständig ist, wird Offizier. Alles nur nach Verdienst‹.
Den wahren Sinn dieser Worte begreift er natürlich nicht.
Wie phrasenhaft und sinnentleert alles ist, was er von sich
gibt, erkennt man sehr gut an seinen Gedanken über den
letzten Besuch bei der jüdischen Familie Mannheimer. Er
meint, daß er mit dieser Familie gern verkehre, ›weil es so ge-
bildete Leute sind‹, aber erinnern kann er sich nur an das ›famose‹ Essen und an die Zigarren. Durch seine Dummheit ist
er geradezu dazu prädisponiert, in Schablonen zu denken
und zu sprechen. Es verwundert daher auch nicht, daß er
dem Offizierskodex völlig kritiklos gegenübersteht. Besonders empfindlich ist er in bezug auf die Offiziersehre. Ein
Blick genügt, um ihn zu beleidigen. Die Worte ›dummer
Bub‹, die in der späteren Fassung tatsächlich fallen, bildet
sich Gustl in der ersten Fassung einfach ein. Er glaubt, ›mit
diesem Flecken auf seiner Ehre‹ nicht weiter existieren zu
können, und faßt den Entschluß, sich umzubringen (dem
Bäckermeister schenkt er das Leben). Schnitzler erlaubt sich
an dieser Stelle der Parodie die bissig-ironische Bemerkung
(obwohl sie als Gustls Aussage natürlich todernst zu nehmen
ist), daß der Ehrenrat auch nicht anders entschieden hätte, da
er ja so subtil sei. Davon zeuge folgender Fall: ›Neulich ist
ihm der Fall vorgelegen, daß ein Kamerad beschuldet war,
der an einer geheimen Krankheit litt, in einer unbezwing-
lichen Aufwallung ein anderes Mädchen berührt zu haben …
Er mußte sofort seine Charge niederlegen, denn solche Sachen werden in der Armee nicht geduldet …‹ Diese Passage
hatte Schnitzler wahrscheinlich als zu gewagt empfunden
und sie daher nicht in den endgültigen Text des ›Leutnant
Gustl‹ aufgenommen; was – wie wir wissen – ihn jedoch
vor dem Verlust seiner Offizierscharge nicht gerettet hat.
Die Parodie enthält noch einige andere Spitzen gegen das
Militär, die später fast gänzlich fehlen, etwa daß das Wort

›Angst‹ in der Armee überhaupt nicht bekannt wäre, daß
Gustl bereits als kleiner Bub die Absicht gehabt hätte, zum
Militär zu gehen, ›weil ich à tout prix das Vaterland hab'
verteidigen wollen, das doch immerfort in solcher Gefahr
ist. Die Uniform ist mir ganz gleichgiltig; ich ging' ebenso-
gern in Sackleinwand; wenn ich nur das Recht hab' mein
Vaterland zu verteidigen. Wir haben auch in der Kadettenschul' von nichts Anderm gesprochen als von Vaterlands-
verteidigung. Einen Mitschüler haben wir gehabt, der hat
gesagt: er freut sich wegen der Uniform zum Militär zu
kommen, – der hat die Anstalt sofort verlassen müssen …
Ja, und noch einer hat hinaus müssen – einer, der – ich
weiß, was er getan hat –, aber es war so unsittlich, daß ich
das Wort nicht weiß …‹.

Gustls ›letzte Verfügungen‹ sind in dieser Fassung nur kurz
umrissen, aber am Ende stärker als später pointiert. Gustl
überlegt grade, wie bei ihm zu Hause sein Selbstmord aufgenommen werden wird, und sagt sich: »Freilich, traurig
werden sie alle sein, aber da ich ja die Sache niederschreiben
werde, werden sie's alle einsehen, und da ich für meine Ehre
und die Ehre der Armee gestorben bin, werden sie sich bald
beruhigen‹.

Gustl erweckt in dieser Fassung – wie auch in der späteren – nicht nur Abneigung, sondern auch Mitleid als ein
im Grunde genommen armer Mensch. Das empfinden wir
zum Beispiel an der Stelle der Parodie, wo es auf einmal
ohne den übertriebenen heiteren Ton heißt, daß er es be-
daure, in den Tod zu gehen, ohne die Liebe, ›von der die
Leute so viel reden‹ und die, kennengelernt, ›ein großes Vergnügen sein muß‹. Nicht so natürlich, sondern sehr pathe-
tisch klingen dagegen Gustls Worte in der endgültigen Fassung, daß er nur noch den einen Wunsch hätte, einen Krieg
zu erleben. Mit Gustls Entschluß zu sterben bricht die Par-
odiefassung ab.

Sie hinterläßt den Eindruck eines unfertigen Produkts, und
zwar nicht nur deswegen, weil hier der Abschluß fehlt, son-

dern auch weil der Bewußtseinsstrom der Titelgestalt plötzlich ins Stocken gerät. Schnitzler war an einem Punkt angelangt, an dem sich die Stimmung seines Leutnants hätte ändern müssen. Gustl hätte nicht mehr völlig unbeschwert und guter Dinge bleiben dürfen, wenn er ernsthaft daran dachte, sich eine Kugel durch den Kopf zu jagen. Wenn auch der Anlaß dazu ein eingebildeter gewesen sein mag, drohte ihm die Todesgefahr wirklich, und diese konnte er nicht leicht hinnehmen, wie er sich das im ersten Augenblick so vorstellte. Es hätte der Augenblick kommen müssen, in dem ihm der Tod leibhaftig gegenwärtig erschienen wäre. Aber dann hätte er eben seine gute Laune verloren, und Schnitzler hätte den Ton der Parodie aufgeben müssen. Das Konzept mußte also geändert und ein neuer Anfang gefunden werden. Das Thema und die Hauptlinien seiner Darstellung (mit Korrekturen und Ergänzungen natürlich) konnten unverändert bleiben.

Die Tatsache, daß Schnitzler sich entschloß, die sehr anstößigen Stellen zu tilgen, ergab sich nicht nur aus äußeren Erwägungen, vorsichtig zu sein, sondern auch daraus, daß sich der Charakter des Leutnants verändert hatte. Der Gustl der späteren Fassung ist vor allem völlig humorlos. Ein solcher Gustl war nicht zu ironischen Bemerkungen über seine Obrigkeit imstande. Er war ihr völlig ergeben, nie würde er es wagen, aufzubegehren, über sie zu spotten.

Für unseren Zusammenhang ist vor allem von Bedeutung, daß Schnitzler bereits die ›Leutnant Gustl – Parodie‹ in der Form eines inneren Monologs entworfen hatte. Wahrscheinlich wird ihn gerade die Unmöglichkeit, in der Parodie den inneren Monolog bis zu der Lösung des Konflikts durchzuhalten, dazu gebracht haben, die Geschichte soweit zu ändern, d. h. sie so zu entparodisieren, daß es zu keinem Bruch zwischen Inhalt und Form kommen mußte.«

Barbara Surowska: Die Bewußtseinsstromtechnik im Erzählwerk Arthur Schnitzlers. Warschau: Wydział Neofilologii UW, 1990. S. 166–170.

III. Vorbilder und Einflüsse

In seinem 1891 veröffentlichten Essayband *Die Überwindung des Naturalismus*, erschienen als Fortsetzung der 1890 vorgelegten Schrift *Kritik der Moderne*, nahm der Schriftsteller und Literaturkritiker HERMANN BAHR (1863–1934) mit der Forderung nach Aufzeichnung »der Vorbereitung der Gefühle, bevor sie sich noch ins Bewußtsein hinein entschieden haben« (S. 58), Schnitzlers formale Neuerung des durchgängigen Inneren Monologs theoretisch vorweg. Bahr fordert, die »neue Psychologie« habe als entscheidendes Merkmal »dekompositiv« vorzugehen,

»[...] indem die Zusätze, Nachschriften und alle Umarbeitungen des Bewußtseins ausgeschieden und die Gefühle auf ihre ursprüngliche Erscheinung vor dem Bewußtsein zurückgeführt werden. Die alte Psychologie findet immer nur den letzten Effekt der Gefühle, welchen Ausdruck ihnen am Ende das Bewußtsein formelt und das Gedächtnis behält. Die neue wird ihre ersten Elemente suchen, die Anfänge in den Finsternissen der Seele, bevor sie noch an dem klaren Tag herausschlagen, diesen ganzen langwierigen, umständlichen, wirr verschlungenen Prozeß der Gefühle, der ihre komplizierten Thatsachen am Ende in simplen Schlüssen über die Schwelle des Bewußtseins wirft. [...]
Die alte Psychologie hat die Resultate der Gefühle, wie sie sich am Ende im Bewußtsein ausdrücken, aus dem Gedächtnis gezeichnet; die neue zeichnet die Vorbereitungen der Gefühle, bevor sie sich noch ins Bewußtsein hinein entschieden haben. Die alte Psychologie hat die Gefühle nach ihrer Prägung in den idealen Zustand ergriffen, wie sie von der Erinnerung aufbewahrt werden; die neue Psychologie wird die Gefühle in dem sensualen Zustande vor jener Prägung aufsuchen. Die Psychologie wird aus dem Verstande in die Nerven verlegt – das ist der ganze Witz. [...]

Am nächsten liegt die ›Ich-Form‹. Was über eine Seele ausgesagt wird, bewirkt uns nicht; aber den Bekenntnissen,
welche eine Seele von sich selbst aussagt, ist unser Vertrauen
geneigt. Das scheint ein einfaches und verläßliches Verfahren. Die Beichte, welche die inneren Begleitungen der äußeren Handlungen aus erforschtem Gewissen bekennt, erspart
alle vermutenden Kommentare des psychologischen Profes-
sors. Darum sind alle Meisterwerke der psychologischen
Kunst bisher lyrisch gewesen, mit dem Motto des Stendhal:
*je cherche à raconter avec vérité et avec clarté ce qui se passe
dans mon cœur.*
Aber die Kunst der neuen Psychologie muß auf diesen Be-
helf verzichten, weil ihre Vorstellung gerade das unter-
nimmt, was sich der Selbsterkenntnis und darum der
Beichte entzieht: die Erscheinungen auf den Nerven und
Sinnen, noch bevor sie in das Bewußtsein gelangt sind, in
dem rohen und unverarbeiteten Zustande. Es ist selten, daß
einer sich durch lange Übung und seltsame, verwegene,
leicht gefährliche Zerspaltung des Ich in ein handelndes und
ein beobachtendes dahin bringt, am Ende sich der unbewußten Ereignisse bewußt zu werden – eben der auf Ner-
venerforschung eingedrillte Psychologe allein. Wenn also
die neue Psychologie sich in der ›Ich-Form‹ erfüllen will,
dann schränkt sie sich auf die Leute vom Metier ein, *qui
tâtent le pouls à leur sensibilité,* und die Ausnahmen mit
dem kranken *dédoublement, qui se demandent, sans cesse
comment ils sont émus et s'ils sont émus* (Paul Bourget), werden ihre Regel.
So Baudelaire, so Julien Sorel und Fabrice, so Bourget im
›*Disciple*‹ und der ›*Psychologie de l'amour*‹, so Maurice
Barrès im ›*Homme libre*‹, so Rosny im ›*Termite*‹. Aber das
ist ein Verzicht, der wieder dem Demokratismus unseres
Geschmackes mißfällt. Wir wollen nicht bloß die hellseheri-
sche Elite der vom Schmerze Erwählten, über dem dumpfen
Glücke der Menge; wir wollen die ganze Welt in die neue
Kunst, die Verkümmerten und die Überwachsenen, in den

Schachten und auf den Gipfeln der Menschheit, die Armen und die Vielfältigen im Geiste.

Die ›Ich-Form‹ reicht also nicht aus, weil sie das Nervöse gerade wegläßt, und die fachmännische ›Ich-Form‹ kann höchstens eine Not-Unterkunft gewähren, bis dem Bedürfnisse eine verläßlichere Heimstätte gesichert ist. Diese gilt es. Diese Methode, das Unbewußte auf den Nerven, in den Sinnen, vor dem Verstande, zu objektivieren, verlangt das ganze Geschrei nach der neuen Psychologie.

Mehr kann ich auch nicht von ihr sagen; mehr weiß ich nicht: denn das ist eben der Jammer der Kritik, daß sie wohl der Kunst folgen kann, Schritt für Schritt, mit Erklärung ihrer Thaten und ihrer Wünsche, aber nimmermehr sie führen, durch Offenbarungen künftiger Gesetze. [...]«

Hermann Bahr: Zur Überwindung des Naturalismus. Theoretische Schriften 1887–1904. Ausgew., eingel. und erl. von Gotthart Wunberg. Stuttgart/Berlin/Köln/Mainz: Kohlhammer, 1968. S. 57 f., 60 f.

SCHNITZLER selbst berichtet bereits am 3. Oktober 1898 in einem Brief (an seine Geliebte Maria Reinhard, 1871–99) von der Lektüre einer »sehr eigenartige[n] Geschichte (Roman) von Dujardin, ›les lauriers sont coupés‹« (Briefe 1875–1912, S. 354). Drei Jahre später nennt er in einem Briefwechsel mit dem dänischen Kulturphilosophen und Essayisten GEORG BRANDES (1842–1927), mit dem ihn eine lebenslange freundschaftliche Beziehung verbindet, auch Edouard Dujardins (1861–1949) Novelle als eine Art Vorbild.

Brandes an Schnitzler; Abbazia, 22. Mai 1901:

»Verehrter Freund.
Welch ein vorzügliches und originelles Buch Sie dort geschrieben haben. Eine ganze Psychologie in einer Nuß-

schale. Der Schluß nur ist etwas willkürlich, wenn auch amüsant.
[...] Ihr ergebener G. B.«

Schnitzler an Brandes; Wien, 11. Juni 1901:

»[...] Ich freue mich, daß Sie die Novelle vom Lieutnant Gustl amüsiert hat. Eine Novelle von Dostojewski, Krotkaja, die ich nicht kenne, soll die gleiche Technik des Gedankenmonologs aufweisen. Mir aber wurde der erste Anlaß zu der *Form* durch eine Geschichte von Dujardin gegeben, betitelt les lauriers sont coupés. Nur daß dieser Autor für seine Form nicht den rechten Stoff zu finden wußte. [...]«

Brandes an Schnitzler; Kopenhagen, 16. Juni 1901:

»Verehrter Freund
Zwar ist Krotkaja ein Monolog, – es gibt so viele Monologe, Flauberts St. Antoine ist auch ein Monolog – aber das kleine Buch hat gar keine Form-Ähnlichkeit mit der Ihrigen. Les lauriers sont coupés las ich vor – 16 Jahren glaub ich, als die Erzählung in la Revue Indépendante stand, und es machte mir einen starken und originellen Eindruck, aber das Einzelne hab ich vergessen. [...]«

Georg Brandes und Arthur Schnitzler. Ein Briefwechsel. Hrsg. von Kurt Bergel. Bern: Francke, 1956. S. 87 f. – © 2000 A. Francke Verlag, Tübingen und Basel.

Zu dem Einfluß, den Sigmund Freuds *Traumdeutung* (1900) und Edouard Dujardins Novelle *Les Lauriers sont coupés* auf Schnitzlers Erzählung hatten, schreibt MICHAEL WORBS:

»Wenn auch das Chaos des Bewußtseinsstroms *intendiert* ist und in geraffter, subtil komponierter, also ästhetisch ge-

formter Weise wiedergegeben wird, so spricht dies noch
nicht gegen seine Verwandtschaft mit dem psychoanalytischen Diskurs. Über die ästhetische Differenz hinweg liegt
die Verbindung zur *Traumdeutung* nahe, deren methodi-
sches Verfahren in der Deutung der freien Assoziationen
des Träumers und der damit ermöglichten Interpretation aller Traumelemente im Rückbezug auf die Biographie des
Träumers besteht. Sollte also die von Freud in der Behandlung der Neurotiker entwickelte Technik der freien Assoziation als Geburtshelfer am Beginn des inneren Monologs
gestanden haben, der die Epik des 20. Jahrhunderts wesent-
lich bestimmen wird?
Zur Klärung dieser Frage kann ein Blick in die Entstehungsgeschichte von Schnitzlers berühmter Novelle einen
Beitrag leisten. 1896 notiert Schnitzler die Idee zur Novelle,
die auf einen realen Vorfall zurückgeht.
›Einer bekommt irgendwie eine Ohrfeige; – niemand er-
fährts. Der sie ihm gegeben, stirbt und er ist beruhigt,
kommt darauf, dass er nicht an verletzter Ehre – sondern
an der Angst litt, es könnte bekannt werden.‹[1]
Von einem Leutnant ist hier noch nicht die Rede, deutlich
wird, daß Schnitzler hier – typisch für das Frühwerk und
in dieser Hinsicht den Intentionen Freuds durchaus ver-
gleichbar – an dem psychologischen »Fall« interessiert ist.
Gesellschaftskritik ist zunächst nicht beabsichtigt, die Situation ist noch nicht in eine bestimmte historische und soziale Realität eingebettet, vielmehr geht es um die Auf-
deckung einer Lebenslüge, um die Entlarvung doppelter
Moral. Schnitzler ließ den Stoff zunächst einige Jahre liegen,

---

1 Hs. Skizze im Archiv Heinrich Schnitzler (= Nr. C/XIX im Nachlaßver-
   zeichnis von Neumann/Müller [Gerhard Neumann / Jutta Müller, *Der
   Nachlaß Arthur Schnitzlers*, München 1969], S. 87). Auf dem Blatt ist rechts
   oben eine »96« eingetragen – »unklar ob Datierung oder Paginierung«
   (ebd.). Heinrich Schnitzler und Therese Nickl nehmen letzteres an. Der
   Nachlaßverwalter Reinhard Urbach hält es jedoch auf Grund einer neuer-
   lichen Prüfung für wahrscheinlicher, daß es sich hier um eine Jahreszahl
   handelt.

bis er in ihm gereift war – ein Vorgang, der für seine Schaffensweise charakteristisch ist. Ende März 1900 las er mit innerer Betroffenheit die *Traumdeutung* und skizzierte zwei Monate später, am 27. 5. 1900, unter dem Titel *Ehre* die Novelle. Jetzt hatte er die entscheidende Anregung erhalten, wie er den Stoff in idealer Weise umsetzen konnte. Von nun an kann man die Entwicklung des inneren Monologs genau verfolgen. Auf dem Blatt von 1896 notierte er Monologfetzen, die die Gedanken des Offiziers – er ist noch namenlos – während des Vorfalls im Foyer wiedergeben und im Grunde nichts anderes sind als eine Paraphrase der Idee im inneren Monolog. Auf wenigen Seiten formte er dann eine erste, grobe Durchführung der Idee in der neuen Schreibtechnik. Innerhalb von fünf Tagen, vom 14. bis 19. Juli 1900, erfolgte die Niederschrift im Kurhaus von Bad Reichenau. Schnitzler, der gewöhnlich seinen Werken äußerst kritisch gegenüberstand, hatte die ›Empfindung, daß es ein Meisterwerk [Tagebuch, 19. 7. 1900] sei.

Mit der Protokollierung des Bewußtseinsstroms in experimentaler Reinheit hatte er die Möglichkeit gefunden, den hohlen Ehrbegriff, oberflächliche Moralvorstellung von innen heraus, ohne jegliche Form hinweisender Kritik durch den kommentierenden Erzähler zu entlarven. Wie der Patient auf der Couch dem Analytiker unter Aussetzung der Zensur seine innersten Gedanken freigibt, Verdrängtes ins Bewußtsein aufnimmt, Unbewußtes im ständigen Kreisen um bestimmte Kernmotive, welche allerdings selbst nicht benannt werden, anklingen läßt, so legte Schnitzler das Innenleben des Leutnants frei. Er hatte eine literarische Technik entwickelt, mit der er die Grenze, die im sozialen Leben Innenwelt und Außenwelt trennt, aufheben konnte.

Ein Tabu war verletzt worden, die deutschnationale und antisemitische Presse reagierte empört. Das Militär fühlte sich getroffen. Am 14. Juni 1901 erhielt Schnitzler den Bescheid, daß er seines ›Offizierscharakters für verlustig erklärt‹ wur-

de, da er mit seiner Novelle ›die Ehre und das Ansehen der
österr. u. ung. k. u. k. Armee herabgesetzt habe.

Leutnant Gustl lernt nicht. Seine nächtliche Exkursion in
die eigene Vergangenheit führt nicht, – so Laermann [1977a,
S. 129] – zur »widerständigen Reflexion der eigenen Biographie mit dem Ziel einer Rekonstruktion der in ihr abge-
spaltenen, aber krankhaft wirksam gebliebenen Erfahrungs-
elemente«. Nachdem er am Morgen im Caféhaus vom Tod
des Bäckermeisters erfahren hatte, gelten seine ersten Gedanken dem Duell, das zwischen ihm und einem – wie er
meint – jüdischen Arzt angesetzt ist. Die Novelle schließt
mit den Worten: ›Dich hau ich zu Krenfleisch!‹ Im Unterschied zum psychoanalytischen Diskurs hat der innere Monolog keine therapeutische Wirkung. Dies gilt nicht nur für
Gustls, sondern auch für Mollys Monolog im letzten Kapi-
tel des *Ulysses* – es ist offensichtlich eine dieser Schreibweise inhärente Tendenz. Der innere Monolog ist, wie
schon der ›lyrische‹ psychologische Roman im Sinne Hermann Bahrs, bestenfalls Selbstanalyse. Eine spontane Über-
tragung wie in der analytischen Situation und die von daher
mögliche therapeutische Wirkung kann nicht stattfinden.
Darin liegt zweifellos ein wichtiger Unterschied zur Situation in der Psychoanalyse. Die Ichdramatik des Leutnants
kreist in sich selbst. Von daher aber, von der demonstrierten
Lernunfähigkeit dieses sozialen Charakters, von der darin
liegenden Provokation rührte der Protest von konservativer
Seite und aus dem Militär, und es ließe sich rezeptionsgeschichtlich die psychoanalytische Situation rekonstruieren
im Verhältnis von Leutnant und Öffentlichkeit, Text und
Leser. Die Übertragungssituation, die dem inneren Monolog fremd bleiben muß, kam im Verhältnis von Novelle zu
Rezipient zustande. Der Lernprozeß, den die Novelle hätte
auslösen können, ergab sich aber nicht. An die Stelle der
Gegenübertragung trat der Widerstand der betroffenen
Kreise.

Nun mag man diesem Vergleich zustimmen, ohne jedoch der direkten Ableitung des inneren Monologs von der Technik der freien Assoziation in der Psychoanalyse folgen zu wollen. Nicht ohne Berechtigung, denn Schnitzler selbst gab als Vorbild seiner neuartigen Schreibweise die Novelle *Les Lauriers sont coupés* (1887) des französischen Symbolisten Edouard Dujardin an (Schnitzler las sie am 2. 10. 1898), die – man weiß es von Joyce – als erste in der Literaturgeschichte vollständig im inneren Monolog verfaßt ist. Es fragt sich also, ob die Entwicklung des inneren Monologs nicht vielmehr als eine rein literarische, unabhängig von Freud, gesehen werden muß. Tatsächlich war der innere Monolog [...] in der Epik des neunzehnten Jahrhunderts, im ›lyrischen‹ psychologischen Roman lange vorbereitet. In der *Neuen Psychologie* (1890) war er von Hermann Bahr in seinen wesentlichen Eigenschaften theoretisch bereits beschrieben und der modernen Literatur als Postulat mit auf den Weg gegeben worden. Mehr noch: In nuce ist er, wie schon Werner Neuse [1934, S. 330, 353] nachgewiesen hat, von den frühesten Erzählungen an in Schnitzlers Epik vorhanden. Freuds Technik der freien Assoziation war demnach für Schnitzler keine völlige Neuheit, er konnte sich vielmehr durch Freud in seiner Suche nach Ausweitung der Möglichkeiten literarischer Gestaltung des Seelenlebens bestätigt sehen, eben ›Anregungen aus seinen Schriften schöpfen‹. Der Schritt von Dujardin zu Schnitzler ist nämlich ein großer. Die im Inneren Monolog angelegte und von Arthur Schnitzler genial erfaßte Möglichkeit, die Überlagerung der verschiedenen Erinnerungsschichten, das assoziative Springen der Gedanken vom Gegenwärtigen zu Vergangenem und die damit in radikaler Weise ermöglichte Charakterisierung des Helden vom Innenleben her hat Dujardin fast völlig ungenutzt gelassen. In der vom Sujet her – geschildert wird die oberflächliche Liebesbeziehung eines jungen Herrn aus gutem Hause zu einer Schauspielerin aus der Pariser demimonde – so schnitzlerisch anmutenden Novelle gibt es zwar wunderbar impressionistisch anmutende Schilderungen der auf den zweifelhaften Helden Daniel Prince eindringenden Eindrücke von der hektischen, brodelnden, schillernden Großstadt Paris, die an die Gemälde der impressionistischen Malerei denken lassen, aber die seit Schnitzler von Joyce bis Böll demonstrierte Fähigkeit des Inneren Monologs zu einer literarischen Psycho-Analyse wird nicht genutzt. Die Assoziationen Daniels bleiben erstaunlich geordnet, oszillieren auf der Linie des Gegenwärtigen, überschreiten – von wenigen Ausnahmen abgesehen [vgl. z. B. E. Dujardin, *Les Lauriers sont coupés*, Paris 1925, S. 90 f.] – die zeitliche Grenze der von 6 Uhr abends bis Mitternacht spielenden Novelle kaum. Schnitzler selbst hat mit Stolz den Abstand zwischen ihm und Dujardin betont [Schnitzler/Brandes, 1956, S. 88]. Diesem sei zwar das Verdienst der Erfindung zuzuschreiben, er aber habe erstmals das neue Instrument sinnvoll einzusetzen vermocht. Daß ihm Freuds seitenlange, mit allem talmudischen Scharfsinn verfaßten Deutungen von ganzen Assoziationsnetzen für die Ausführung der Novelle Anregungen gaben, kann für außerordentlich wahrscheinlich gelten. Gerade die – im Vergleich zur Novelle Dujardins – ungemein überlegte Komposition der Assoziationen Gustls legt dies nahe. Auch die Einfälle des Träumers sind ja – wie Freud entdeckt hat – keine freien. Ihr Chaos ist ein scheinbares – wie das des Leutnants.

Warum aber hat Schnitzler dann als Vorbild seiner Monologtechnik Dujardin angegeben und Freud verschwiegen? Darf hier eine Parallele zu James Joyce gesehen werden, auf dessen *Ulysses* Schnitzlers Novelle ja vorausweist? Joyce hat als Vorbild für den ›monologue intérieur‹ beharrlich Dujardins Novelle angegeben; er veranlaßte diesen zu einer Neuausgabe der längst vergessenen Erzählung und zu einer Arbeit über den Inneren Monolog, die eine nachträgliche intellektuelle Überhöhung eines Werkes ist, das dem Autor seinerzeit als Gelegenheitsprodukt erschienen war –

schlechte Verhüllung der deprimierenden Erkenntnis, den zufällig gemachten Fund in seinem Wert nicht erkannt zu haben. 1931, als Joyce wieder einmal über dieses Thema dozierte, warf eine Besucherin, Mary Colum, ein: ›Haven't you had enough fun with this? [...] why deny your indebtedness to Freud and Jung? Isn't it better to be indebted to great originators like that than to –?‹, worauf Joyce ärgerlich zurückwich und antwortete: ›I hate women who know anything‹ [Richard Ellmann, *James Joyce*, New York 1959, S. 647]. Tatsächlich hatte Joyce mit Freuds Theorie der Wortassoziationen experimentiert (ebd., S. 368). Sie ist ein Vorläufer und Anreger des inneren Monologs im *Ulysses*, die für Joyce's Erzählkunst zentrale Epiphanie-Theorie ist unter Freuds Einfluß systematisiert worden. [R. Ellmann, *The Consciousness of Joyce*, London 1977, S. 54 f.]. Sie meint – wie Freuds Theorie der Fehlleistungen – die Evozierung verborgenen Sinns, das Aufblitzen verdeckter Zusammenhänge in unwillkürlichen Handlungen. Joyce stand, wie sein Biograph Richard Ellmann annimmt, Freud viel zu nahe, als daß er sich hätte zu ihm bekennen können. Darum pries er das neben dem *Ulysses* so inkommensurable opusculum Dujardins. *Daneben* konnte auch Schnitzlers Leistung bestehen, ja jedem unvoreingenommenen Leser mußte sie durch den Vergleich nur um so deutlicher werden. Neben der *Traumdeutung* hätte ein Vergleich, der ja schon für Joyce eine Herausforderung war, kaum so eindeutig ausfallen können.«

Michael Worbs: Nervenkunst. Literatur und Psychoanalyse im Wien der Jahrhundertwende. Frankfurt a. M.: Europäische Verlagsanstalt, 1983. S. 238–242 – © 1983 Europäische Verlagsanstalt, Hamburg.

IV. Dokumente zur Wirkungsgeschichte: Der Skandal um Leutnant Gustl

Der Erstabdruck der Novelle erfolgte am 25. Dezember 1900 in der Weihnachtsbeilage der *Neuen Freien Presse*, dem repräsentativen Organ der liberalen bürgerlichen Kreise, denen Schnitzler entstammt. In einem Großteil der Exemplare brach der Text auf Seite 40 vorzeitig ab, bevor Gustl am frühen Morgen sein Stammcafé betritt. Zudem war er auch eigenartig plaziert. Standen über dem Strich, unter dem die Feuilletonbeiträge abgedruckt waren, normalerweise Werbeeinschaltungen in Anzeigenform, so fand sich über der ersten Seite des Abdrucks der Novelle eine der Werbeeinschaltungen des Schuhhauses Paprika-Schlesinger (I. Bezirk, Walfischgasse 2) in Form aneinandergereihter, holprig gereimter Vierzeiler. KARL KRAUS (1874–1936) kommentierte in seiner Zeitschrift *Die Fackel*:

»[...] Der festliche Anlass verlangt etwas besonderes. Und so wurde denn eine literarische Beilage hergestellt, die oben ein Stimmungsgedicht an den Paprika-Schlesinger, unten eine Novelle von Arthur Schnitzler enthielt. Zur Erhöhung der Pikanterie fehlte in dem größten Theile der Auflage der Schluss der Novelle, und der Leser musste sich an dem Gedichte des Paprika-Schlesinger, das vollständig war, schadlos halten. Von einem Proteste des Dichters – oder seiner fünf Kritiker – gegen diese feinsinnige Placierung und die technische Sorgfalt, die der Novelle von der ›Neuen Freien Presse‹ gewidmet ward, hat noch nichts verlautet. Dagegen soll der Paprika-Schlesinger sich bei der Administration über die seltsame Zusammenstellung beschwert haben. Die Stimmung, die das Gedicht erzeuge, werde durch den andern Beitrag zerstört. Die Ausfälle Schnitzlers gegen das Militär seien der Firma höchst peinlich gewesen. ›Wie?‹ – schloss das Schreiben – ›Oberm Strich müht sich unser

Hausdichter ab, in klingenden Versen die Herren Officiere für unsere Reit- und Jagdstiefel zu interessieren, und unterm Strich deutet Schnitzler an, dass die Cadettenschüler hinausgeworfene Gymnasiasten sind? Möge die geschätzte Administration nicht vergessen, dass das Blatt ohne die Dichter leben kann, aber nicht ohne die großen Geschäftsfirmen!‹«

Die Fackel 2 (1900) Nr. 63. S. 26. – © Suhrkamp Verlag, Frankfurt a. M.

Da SCHNITZLER auf dem ungeteilten Abdruck seiner umfangreichen Novelle bestanden hatte, waren dem Erscheinen schon einige Schwierigkeiten vorausgegangen, wie aus dem Briefwechsel mit Theodor Herzl (1860–1904), dem Feuilletonredakteur der *Neuen Freien Presse*, rund um den Erstabdruck ersichtlich wird.

An Theodor Herzl; Wien, 22. Dezember 1900:

»lieber Freund,
ich hab Ihnen den Lieutenant Gustl auf Ihren Wunsch vor etwa 6 Wochen für die Weihnachtsbeilage geschickt; habe damals u noch später ausdrücklich betont, daß eine *Theilung der Novelle aus künstlerischen Gründen unthunlich*, daß ich aber *gern zu Kürzungen bereit* sei: Ich selbst machte Sie auf die Länge der Novelle aufmerksam und Sie, lieber Doctor hatten Gelegenheit, 6 Wochen lang Gelegenheit, über die Möglichkeit der Unterbringung in der Weihnachtsbeilage klar u. schlüssig zu werden. Und heute, am 22. Dez. zwei Tage vor Weihnachten, nachdem ich genöthigt war, Anträge andrer Zeitungen zurückzuweisen, kommen *Sie* mit der Mittheilung, daß die Novelle für die Weihnachtsbeilage zu lang sei, stellen mir in Aussicht, meine Novelle in Fortsetzungen erscheinen zu lassen und *Sie* sprechen nun von Raumrücksichten, auf die ich Sie längst aufmerksam gemacht, was Sie mit den Worten zurückwiesen, das sei Ihre

Sorge! Mein lieber Freund, das kann nicht Ihr Ernst sein.
Ich glaube sogar annehmen zu dürfen, daß nicht Sie es sind,
der sich mir gegenüber diesen verblüffenden Mangel an
Rücksicht zu Schulden kommen läßt. Denn es ist ganz
selbstverständlich, daß in dem vorliegenden Fall die Neue
Freie Presse verpflichtet wäre, um die Vereinbarung gegen
mich zu erfüllen, die sie auf eigne Initiative, auf eignen
Wunsch, trotz der von mir selbst vorgebrachten Bedenken,
eingegangen ist, die Raumschwierigkeiten durch Einfügen
eines oder mehrerer Blätter mehr zu besiegen. Soweit ich in
Betracht komme, gestatte ich aus den von Ihnen gekannten
und stillschweigend gewürdigten künstlerischen Gründen
den Abdruck der Novelle »Lieutenant Gustl« in Fortsetzungen, *unter keiner Bedingung*, und müßte, wenn die
Raumschwierigkeiten sich nicht beheben lassen, höflichst
um Rückstellung meiner Arbeit ersuchen.
Herzlich grüßend,
Ihr Arthur Schnitzler«

An Theodor Herzl; Wien, 24. Dezember 1900

»lieber Doctor Herzl, misverstehen wir einander doch
nicht. Von einer unfreundlichen Absicht hab ich kein Wort
gesprochen, noch hab ich eine im entferntesten vermuthet;
ich sprach nur von einem *Mangel an Rücksicht*, und Sie
werden mir bei näherer Überlegung zugestehen müssen,
daß ich dazu alle Berechtigung hatte. Oder wie möchten Sie
es bezeichnen, wenn man einen Autor 6 oder 7 Wochen vor
Weihnachten um einen Beitrag für die Weihnachtsnummer
ersucht, der Autor ihn einsendet, auf die Länge aufmerksam
macht, sich zu Kürzungen bereit erklärt, die Antwort erfährt, der Beitrag sei angenommen, die Raumschwierigkeiten zu beheben sei Sache des Blattes; wenn der Autor endlich die Correctur erhält, bei Rücksendung der Correctur
neuerdings unaufgefordert seine Bereitwilligkeit zu Kürzungen erklärt und endlich ein paar Tage vor Weihnachten

die Mittheilung erhält – der Beitrag könne in der Nummer für die er betimmt war – wegen Raumschwierigkeiten nicht erscheinen! – Bedenken Sie noch weiters, daß der Autor einer andern Zeitung diese Novelle für den Fall, daß die N. Fr. Pr. sie wegen ihrer Länge nicht in die Weihnachtsnummer bringen könnte, zugesagt hätte? – Ich glaube wahrhaftig Sie haben keine Ursache sich zu wundern, daß ich Ihre Mittheilung mit einigem Unmuth aufgenommen habe. Daß es ausschließlich Erwägungen künstlerischer Natur sind, die mir eine *Theilung* der Novelle unthunlich erscheinen lassen, brauche ich Ihnen, der sie kennt, nicht wiederholt zu versichern. [...]«

Briefe 1875–1912. S. 398–400.

Während der Literaturhistoriker und Theaterdirektor Otto Brahm (1856–1912) in seinem Dankesbrief für die Buchausgabe von 1901 die »eigene Form und die ulkige Psychologie« der Novelle lobt, »und die leichte Art, wie hier ein Stand und ein Einzelwesen festgehalten sind« (Schnitzler / Brahm, 1975, S. 89), erfolgten aus Militärkreisen erbitterte Reaktionen. Bereits drei Tage nach der Veröffentlichung in der *Neuen Freien Presse* reagierte die von GUSTAV DAVIS herausgegebene, vor allem in Militärkreisen verbreitete Wiener Tageszeitung *Reichswehr* (1896–1904) in einem ungezeichneten Leitartikel des Herausgebers mit einer scharfen Attacke gegen Schnitzler.

»Das ist das literarische Denkmal des österreichischen Lieutenants, entworfen und ausgeführt von Herrn Schnitzler, im Geiste des ›Simplicissimus‹ und Otto Erich Hartleben's.[1] Dieses Gemisch von Unflath, niedrigster Gesinnung und

---

1 Otto Erich Hartleben (1864–1905), deutscher Erzähler, Lyriker und Dramatiker, der in seiner »Offiziers-Tragödie« *Rosenmontag* (1900) den rigiden Ehrenkodex und das Standesdenken des wilhelminischen Kaiserreichs kritisierte.

Verdorbenheit des Herzens, von Feigheit und Gewissenlosigkeit steckt Herr Schnitzler in eine österreichische Lieu-
tenantsuniform und stellt es im Feuilleton der ›N. Fr.
Presse‹ aus. Vierundzwanzig Spalten unter dem Strich, vol-
ler Gedankenstriche und – Strichgedanken, ein Panopti-
cum von literarischen Perversitäten mit dem deutlichen Ka-
talogvermerk: Der österreichische Militarismus in seiner
heutigen Gestalt. Bravo, Herr Schnitzler!«

Die Reichswehr. Morgenblatt, Nr. 2473. 28. Dezember 1900. S. 2.

Die Angriffe mündeten schließlich in einem ehrenrätlichen
Verfahren gegen den Reserveoffizier Arthur Schnitzler, in
dessen Ergebnis dem Schriftsteller die Offizierscharge aberkannt wurde. Der Herausgeber der *Neuen Freien Presse*,
MORITZ BENEDIKT, reagierte darauf in einem Leitartikel:

»[...] Gustl ist rauh, oft derb geschildert, naturalistisch, mit
starken Farben und Worten. Aber er wächst vor unseren
Augen im Unglück; er verräth die Erziehung durch das gute
Beispiel vornehmer Gesinnung bei den Eltern und durch
die Eindrücke der großen Schule des Charakters, welche die
österreichische Armee und das österreichische Officierscorps stets waren und nie aufhören werden zu sein. Wirklich, es ist unsere volle Überzeugung, daß Schnitzler den
Officiersstand nicht verletzt hat und daß diese irrige Meinung schwer zu erklären ist und vielleicht erst entstehen
kann, wenn einzelne Sätze oder Worte ohne jeden Zusammenhang mit dem Ganzen, ohne jede Fühlung mit dem
starken Zuge der Novelle betrachtet oder gedeutet werden.
Gesetzt den Fall, Lieutenant Gustl wäre kein würdiger und
nach militärischen Begriffen kein achtbarer Officier gewesen. Sollte einem österreichischen Schriftsteller verboten
sein, was einem Ausländer im ›Rosenmontag‹ vor dem Pu-
blicum des Burgtheaters gestattet wird, ganz unbefangen
die jeder gesellschaftlichen Classe eigenen Fehler schildern

zu dürfen, ohne den Vorwurf fürchten zu müssen, daß der ganze Stand verletzt worden sei? Zu welchen Folgerungen führt diese Beschränkung der künstlerischen Freiheit? Die ängstlichsten Hoftheater können nicht verhüten, daß die Gestalten böswilliger Minister und sogar schlechter Fürsten auf die Bühne kommen, und was sollte aus der dramatischen Literatur werden, wenn durch Verallgemeinerung der Schluß gezogen würde, der Fürstenstand sei verletzt worden. [...]

Der Ehrenrath war zweifellos bemüht, einen militärischen Standpunkt einzunehmen, aber das Ergebniß ist doch eine literarische Censur. Zu den Gründen des Urtheils gehört die Ansicht des Ehrenrathes, daß der Officiersstand durch Inhalt und Fassung einer Novelle verletzt sei. Daraus entspringen höchst wichtige Consequenzen in einem Lande der allgemeinen Wehrpflicht, wo ein großer Theil der Schriftsteller im Alter der stärksten schöpferischen Kraft die Charge von Officieren hat. Die künstlerische Freiheit wird damit aufgehoben, denn die Grenzen für die Beschlüsse des Ehrenrathes sind nicht leicht zu bestimmen, weil sie auf sämmtliche Handlungen und die ganze Persönlichkeit des Officiers sich erstrecken können. Gibt es da eine Bürgschaft, daß politische und sociale Meinungen, die vom Bestehenden abweichen oder sich gegen die geltenden Einrichtungen wenden, nicht ebenfalls vor diesen Richterstuhl gebracht und dem Begriffe der militärischen Ehre untergeordnet werden? Viele hundert Männer verlieren plötzlich die geistige Selbstständigkeit und literarische Unabhängigkeit, die ihnen das Strafgesetz und die dramatische Censur noch gelassen haben. [...]«

Neue Freie Presse. Morgenblatt, Nr. 13226.
21. Juni 1901. S. 1.

GUSTAV DAVIS zeigte sich in der *Reichswehr* hingegen mit dem Urteil zufrieden:

»Es gibt keinen Officier, der die famose ›Studie‹ Schnitzler's gelesen hat und der dabei nicht den subjectiven Eindruck einer Verhöhnung jener Ansichten und Satzungen empfangen hätte, die dem Officier nun einmal sacrosant sind. Wo lebt denn ein so widerlicher Ignorant und Cyniker, ein so jämmerliches charakterloses Subject, wie es dieser ›Lieutenant Gustl‹ ist? Man nenne ihn, man zeige mit Fingern auf ihn, dann wird es bald zu Ende sein mit seiner Lieutenantsherrlichkeit. Aber den Kerl nicht nennen, nicht zeigen können, und ihn doch öffentlich in der Uniform eines k. und k. Lieutenants aufführen, das ist eine Insulte, das ist eine Herabwürdigung des Officiersstandes. Das ist die Grundempfindung, das ist die spontane Meinungsäußerung jedes Officiers, der den ›Lieutenant Gustl‹ kennen zu lernen das mäßige Vergnügen hatte. Und wie begleitet die Öffentlichkeit diese Meinung? An allen Orten hört man es zischeln oder kichern: Ja, ja, so sind die Herren Officiere, ein Lieutenant Gustl neben dem andern, man kennt das. [...]

Wenn man ihm [dem Offizier] aber nun auch noch sagt, der Mann, der Dichter, der die Caricatur des ›Lieutenant Gustl‹ entworfen hat zum innigen Vergnügen Aller, die dem Officierscorps, die der Armee nicht sonderlich wohlgesinnt sind, dieser Mann, dieser Dichter, sei selbst Officier, trage auch das goldene Porte-épée, sei also Einer, von dem die Öffentlichkeit behaupten kann, er müsse das wissen, er habe sicherlich porträtgetreu gezeichnet – dann hört für ihn denn doch der Spaß auf! Oder soll er auch das ruhig hinnehmen, soll er auch das ganz in der Ordnung finden, daß der Herr Landwehr-Oberarzt in der Evidenz Dr. Schnitzler bei passender Gelegenheit mit Federhut, Säbel und Porte-épée einherstolziren und bei anderer passender Gelegenheit ›Studien‹ schreiben dürfe, die, ob nun gewollt oder nicht, den Effect einer Verunglimpfung des Officiersstandes hervorrufen? [...]

[...] Wer als Officier prunken möchte, muß sich auch als Officier fühlen und wer das nicht kann oder nicht will, dem nimmt man mit vollem Recht den Säbel ab.

Nein, der Fall Schnitzler ist durchaus nicht geeignet, eine ›große politische Frage‹ aufzurollen, wie es die ›Neue Freie Presse‹ so gerne sähe. Der Fall Schnitzler ist nichts als das typische Beispiel einer Carambolage kleinlicher literarischer und persönlicher Eitelkeit. Der Schriftsteller Dr. Arthur Schnitzler gefiel sich außerordentlich mit Sturmhut und Schleppsäbel und der Oberarzt in der Evidenz der Landwehr Dr. Arthur Schnitzler gefiel sich nicht minder gut im Rüstzeug des liberalen Kämpen, der den Officiersehrbegriff auf seine Stahlfeder spießt. Und das ist um eine Eitelkeit zu viel, um die Eitelkeit des Schleppsäbels und Sturmhutes. Die hat der Officiers-Ehrenrath amputiert.«

Die Reichswehr. Morgenblatt. Nr. 2645. 22. Juni 1901. S. 1 f.

ARTHUR SCHNITZLERS eigene Chronologie der Ereignisse veröffentlichte sein Sohn Heinrich 1959 in der Wiener Tageszeitung *Die Presse* nach den im Nachlaß erhaltenen Aufzeichnungen:

»Vorlesung im Privatkreis erregte keinerlei Bedenken.
Noch vor der Veröffentlichung las ich es in Breslau in einem literarischen Verein vor.
Erschien in der Weihnachtsnummer der ›Neuen Freien Presse‹ 1900.
Honorar 150 Gulden, das dann später auf meine Reklamation hin verdoppelt wurde.
In einer großen Anzahl der Weihnachtsnummern fehlten die drei letzten Spalten.
Bald nach Erscheinen höre ich, daß die Novelle in militärischen Kreisen böses Blut mache.
In einem Ringcafé sitzen Offiziere zusammen und streichen gewisse Stellen rot an.

Ende Dezember oder Anfang Jänner erscheint in der
›Reichswehr‹ ein denunziatorischer Artikel des Herrn Gustav Davis. Herr Davis will dadurch seine Beziehungen mit
dem Kriegsministerium, die in der letzten Zeit erheblich ge-
litten haben, wieder befestigen.
Es erfolgt vorläufig nichts. Wie ich später erfahre, erwartet
man, daß ich die Angelegenheit eventuell durch ein persönliches Vorsprechen bei Erzherzog Rainer (Chef der Landwehr, frühere Beziehung mit meinem Vater durch die Poliklinik) in Ordnung bringe. Insbesondere aber erwartete
man einen solchen Schritt von mir nach Eintreffen folgenden *Befehls der k. k. Landwehrergänzungsbezirkskom-
mando Nr. 1:*
›Seiner Hochwohlgeboren Herrn k. u. k. Oberarzt im Verhältnis der Evidenz A. S. – Wien, am 3. Jänner 1901.
Sie haben bekannt zu geben, ob Sie der Verfasser des am
25. Dezember 1900 in der Neuen fr. Presse erschienenen
Feuilletons ‚Leutnant Gustl‘ sind. Diese Meldung hat bis 6.
d. M. eingesendet zu werden. – Sekker, Major.‹
Nach Empfang dieses Schreibens setze ich mich mit Hofrat
Burckhardt in Verbindung, früher Burgtheaterdirektor,
jetzt im Verwaltungsgerichtshof (er wohnt mit mir im gleichen Haus), mit dem ich von nun an diese Angelegenheit in
all ihren Phasen weiter berate.«

Die Wahrheit über »Leutnant Gustl«. Eine Novelle, die einst zu einer »Affäre« wurde. Von Arthur Schnitzler. In: Die Presse. Nr. 6404. 25. Dezember 1959. S. 9 – Mit Genehmigung des S.
Fischer Verlags GmbH, Frankfurt a. M.

Nach mehreren Schreiben der Militärbehörde, die ein eh-
renrätliches Verfahren ankündigten und Schnitzler zur
»Einvernahme« vorluden, sowie den distanzierenden Ant-
worten Schnitzlers, erfährt der Autor vom Ausgang der ehrenrätlichen »Schlußverhandlung« zunächst aus der Zeitung:

»Am 1. Juni in Salzburg beim Frühstück im Kaffeehaus nehme ich die ›Neue Fr. Presse‹ zur Hand. Der Leitartikel beginnt mit meinem Namen. Aus diesem Artikel erfahre ich, daß ich meiner Charge verlustig erklärt worden bin. Der Verfasser (Benedikt) nimmt mich in Schutz unter allerlei Verbeugungen vor Militär- und Offiziersehre. Erst einige Wochen später in Vahren erhalte ich vom k. k. L. E. K. Wien folgendes Schreiben:

›Seiner Hochw. Herrn Dr. A. S.

Wien, am 14. Juni 1901.

Das k. k. Landwehroberkommando in Wien hat Sie mit dem Erlasse vom 1. Juni l. J. Präs. 646 auf Grund des vom hiesigen Ehrenrate am 26. 4. 1901 gefaßten Beschlusses, mit welchem Sie der Verletzung der Standesehre für schuldig erkannt wurden, gemäß dem § 30 und 33 der Vorschrift für das ehrenrätliche Verfahren in der k. u. k. Landwehr Ihres Offizierscharakters für verlustig erklärt. Hiervon werden Sie unter gleichzeitiger Ausfolgung der beglaubigten Abschrift des Ehrenratsbeschlusses, dessen Empfang zu bestätigen ist, verständigt.
Ihre Offiziersernennungsdekrete sind gleichfalls mit der erwähnten Empfangsbestätigung anher einzusenden.

Sekker, Major‹

Beschluß: Der Ehrenrat für Landwehroffiziere und Kadetten, Wien, hat über die wider den Oberarzt Dr. A. S. im Verhältnis der Evidenz des k. k. Landw. J. R. Klagenfurt Nr. 4 erhobene Anschuldigung, daß er als dem Offiziersstande angehörig eine Novelle verfaßte und in einem Weltblatte veröffentlichte, durch deren Inhalt die Ehre und das Ansehen der österr. u. ung. k. u. k. Armee herabgesetzt wurde, sowie daß er gegen die persönlichen Angriffe der Zeitung ›Reichswehr‹ keinerlei Schritte unternommen hat, nach der am 26. April 1901 stattgehabten Schlußverhandlung erkannt:

›Der beschuldigte Oberarzt etc. hat die Standesehre dadurch verletzt, daß er als dem Offiziersstande angehörig eine Novelle verfaßte und in einem Weltblatte veröffentlichte, durch deren Inhalt die Ehre und das Ansehen der österr. ung. Armee geschädigt und herabgesetzt wurde, sowie daß er gegen die persönlichen Angriffe der Zeitung ‚Reichswehr‘ keinerlei Schritte unternommen hat.

Wien, am 26. April 1901.

Hermann Neubauer, Oberl., Franz Agler, Lieutn., Julius Schiviz von Schivizhoffen, Major, Adolf Hansmann, Hauptmann, Albin Brumowsky, Oberstleut., Heinrich von Bayer, Oberst als Vorsitzender. Für die richtige Abschrift, Wien, am 10. Juni 1901, Justizref. d. k. k. L. T. R. Wien, August M. A.‹

(Nachzutragen)

Zur selben Zeit, da Leutnant Gustl in der Neuen Presse erschien, lag ein Manuscript von mir in der Redaktion des Neuen Wiener Tagblattes, das am Sylvester- oder Neujahrstag erscheinen sollte. (Der Dialog ›Sylvesternacht‹). Es erschien nicht. Wie Bahr mir erzählte, ging der Feuilletonredakteur Pötzl von Redaktionsstube zu Redaktionsstube und machte den Leuten begreiflich, daß das Neue Wr. Tagblatt den Verfasser des ›Leutnant Gustl‹ nicht zu seinen Mitarbeitern zählen dürfe.

Die Zeitungen verhalten sich nach Bekanntwerden des ehrenrätlichen Urteiles wie zu erwarten gewesen. Sozialdemokratische Blätter treten für mich ein, im Ganzen und Großen auch die liberalen. Die antisemitischen und konservativen überbieten einander in Beschimpfungen. Auch an direkten Fälschungen fehlt es nicht. Vielleicht am charakteristischsten die wahrscheinlich nur leichtfertige und nicht böswillige Verdrehung in der ›Fackel‹, wo Karl Krauss [sic] schreibt, ich hätte als meine Offizierszeit abgelaufen war um Beibehaltung der Charge angesucht. In Wirklichkeit verhält sich die Sache so, daß die Landwehroffiziere um Ablegung der Charge einreichen müssen, sonst bleibt ihnen die Charge automatisch erhalten, wenn sie in den Landsturm übergehen.

Einige Leute fanden, es wäre eigentlich meine Verpflichtung gewesen, vor dem Ehrenrat zu erscheinen, da ich doch nun einmal Offizier gewesen sei. (Bettelheim, Friedjung).

Aus dem Publikum kamen vereinzelte Stimmen, die mir zum Verlust der Charge gewissermaßen gratulierten oder wenigstens Sympathie ausdrückten. Zu ihnen gehörte auch ein aktiver Offizier, der damalige Leutnant Robert Michel, der mir versicherte, daß er mit dem Urteil des Ehrenrates keineswegs übereinstimme.

Das Offiziersdiplom wurde von mir abgeholt und ich erhielt einen Militärpaß als Sanitätssoldat des k. u. k. Landsturms, als welcher ich noch bis zu meinem 42. Lebensjahr im Militärverbande verblieb.«

Ebd.

In seinem Tagebuch notiert SCHNITZLER die Ereignisse wiederum lapidar:

»25/12 [1900] [...] Ltnt. Gustl N. Fr. Pr.; in der Hälfte der Exemplare fehlen 3 letzte Spalten. [...]

28/12 Artikel (Reichswehr) gegen Ltn. Gustl. [...]

5/1 [1901] Anfrage Ergänzungs Bezirks Kommando, ob ich Verfasser ‹Ltnt. G.‹ – Bei Burckhard.[2] [...]

14/1 [...] Nervosität, Militär. [...]

21/6 Die ehrenräthl. Entscheidung: wegen Lieutenant Gustl – und weil ich gegen die persönl. Angriffe der

---

2 Max Eugen Burckhard (1854–1912), Schriftsteller, Jurist, 1890–98 Direktor des Wiener Burgtheaters.

Reichswehr keine Schritte unternommen der Charge verlustig. – Leitartikel der N. Fr. Pr. –
22/6 Abends Reichenhall. – Die Zeitungen voll über
›Gustl‹; je nach der Partei für oder gegen die Entscheidung des Ehrenraths.«

Tagebuch 1893–1902. S. 343 f., 345, 353 f.

In einer Reihe von Briefen nehmen sowohl Schnitzler selbst
als auch Freunde und Schriftstellerkollegen zu dem Eklat
Stellung.

SCHNITZLER an Georg Brandes; Wien, 25. April 1901:

»[...] Dieser Tage erscheint eine Novelle von mir, die ich
Ihnen natürlich schicken werde, Lieutenant Gustl, – Sie
haben sie vielleicht in der N. Fr. Pr. gelesen. Wegen dieser
Novelle stehe ich – (da ich noch Militärarzt ›in der Evidenz‹ bin) in ›ehrengerichtlicher‹ Untersuchung und werde
wahrscheinlich meine Charge verlieren. Wenn Sie die Novelle noch nicht kennen und sie lesen werden – und sich
dieser Mittheilung erinnern – wird Ihnen wieder manches
›oesterreichische‹ klar werden. Die Sache ist für mich natürlich gleichgiltig – da ich ja mit den Leuten nichts mehr zu
thun habe und meine Charge nur im Kriegsfall von Bedeutung wäre – aber sie ist charakteristisch für die man könnte
sagen naive Heuchelei in Kreisen, von denen man in gewis-
sem Sinne immer abhängig ist; wenn sie auch keine unmittelbare Macht über einen besitzen. Ihr A. S.«

Georg Brandes und Arthur Schnitzler. Ein Brief-
wechsel. Hrsg. von Kurt Bergel. Bern: Francke,
1956. S. 84. – © 2000 A. Francke Verlag, Tübin-
gen und Basel.

RAINER MARIA RILKE an Schnitzler; Westerwede bei Bremen, 24. Juni 1901:

»Sehr verehrter Doctor Schnitzler,
ich habe den ›Lieutenant Gustl‹ schon aus der ›N. F. Presse‹
gekannt; dennoch bin ich recht aufrichtig froh, diese eigenthümliche Novelle durch Ihre Güte nun auch als Buch zu besitzen.
Die Form ist so überaus gut gewählt, oder eben vielmehr nicht gewählt, sondern an den Stoff gebunden, der von einer anderen Seite, d. h. von mehreren Außenpunkten her gesehen, an Gewalt und Einheitlichkeit nothwendig verloren hätte. Hätte der Verfasser selbst die Erzählung geführt, wäre er seinem Helden gegenüber oft in Verlegenheit gekommen, er hätte vorsichtig sich bewegen müssen, um nicht fortwährend über dessen schmale Persönlichkeit hinauszugreifen. Durch die gewählte Form aber ist die Enge und Begrenztheit des Helden im besten Sinn der Wirkung dienstbar gemacht, indem auf dem beschränkten Schauplatze sich *alles* vollziehen muß, das Äußere und das Innere, so daß alle Ereignisse wie Erscheinungen eines bestimmten Innenlebens sich dort zu begegnen scheinen. So kommt es, daß Lieutenant Gustl interessant und bis zu gewißem Grade als Schauplatz eines Schicksals erscheint, das viel größer als das seine sich anfühlt. Mit dem Willen und Bewußtsein des Dramatikers ist hier viel erreicht. Erscheinungen, die kaum sichtbar geworden waren, sind für diese innere Schaubühne gewonnen; der Strom Leben ist gebogen und gezwungen worden, durch dieses enge Flußbett durchzufließen, wobei denn ein großes Rauschen geschieht … Darin liegt der Wert des ›Lieutenant Gustl‹. Man kann natürlich eine Tendenz drinnen erkennen und eine Auflehnung und eine Überlegenheit*, wenn man nicht über die Fabel hinaus in die Tiefe sondiert.
Daß eine gewisse offizielle Meinung nicht einmal bis zur er-

---

* oder wenn man kein gutes Gewissen hat

sten Tiefe kam, ist bedauerlich, aber keineswegs erstaunlich. Es kommt bei alledem im ›Lieutenant Gustl‹ etwas zum Ausdruck, was man in Oesterreich schwer verträgt: eine Verurtheilung jeder Lebensspielerei und ein Bedürfnis nach Ernst, welches dem bevorzugten Ständen jedesmal, wo es auch auftreten mag, als Gefahr erscheint und als Angriff. Wenn eine Gemeinschaft, die sich so eng faßt und so ängstlich schließt, schließlich merkt, daß man außerhalb ihres Kreises steht und das laut erklärt, ist das für sie auch ein Fortschritt, eine Zunahme an Einsicht, über welche jeder unbetheiligte Beobachter sich freuen kann.

Es ist viel Wehleidigkeit in unserem Vaterlande, so daß, wenn einer sich nur einmal frei bewegt, alle Nachbaren, an die er rührt, sich geschlagen fühlen!

Nun es verlohnt nicht, mehr als das Allernächstliegende dabei zu sagen.

Nochmals meinen herzlichsten Dank! Ich schicke Ihnen in diesen Tagen zwei Sonderhefte mit Versen. Eines ist in Prag erschienen, eines in München; denn ich habe nichts anderes im Augenblick, um Ihre liebe Gabe zu erwidern als jene Flugblätter und natürlich dieses:

> die herzlichste Zuneigung
> Ihres sehr ergebenen
> Rainer Maria Rilke«

Rainer Maria Rilke: Briefe zur Politik. Hrsg. von Joachim W. Storck. Frankfurt a. M. / Leipzig: Insel-Verlag, 1992. S. 40 f. – © 1992 Insel Verlag, Frankfurt a. M.

SCHNITZLER an Hermann Bahr; Innsbruck, 26. Juni 1901:

»Mein lieber Hermann,
ich danke Dir herzlich für den neuen Beweis von Sympathie, den Du mir mit Deinem lieben Brief vom 22. gegeben hast. Über die Sache selbst ist ja kaum etwas zu sagen – sel-

Titelblatt der ersten Buchausgabe von *Leutnant Gustl*
(S. Fischer Verlag, Berlin 1901)
mit der Illustration von Moritz Coschell

ten lag ein Fall klarer zu Tage. Wahrhaftig – sie haben meinen Lieutenant Gustl nicht verdient! Ich seh es ein. Hast Du vielleicht neulich den Artikel in der Reichswehr gelesen? Ich glaube, in dem steht das Großartigste an Dummheit, was in dieser Affaire geleistet wurde. Nemlich: ich hätte meine Charge nur deshalb nicht vor fünf Jahren (wie es mein Recht gewesen) niedergelegt – weil ich eben doch gern gelegentlich in Uniform ›mit dem Stürmer paradiert‹. – Ich wollte einen Preis von einer Million ausschreiben für den, der mich seit meinem letzten Hauptrapport in Uniform gesehen – aber wer weiß – unter diesen Leuten findet sich am Ende auch einer, der es beschwören kann. [...]«

Briefe 1875–1912. S. 437 f.

FRIEDRICH KNILLI gibt einen Überblick über die öffentliche Reaktion:

»[...] Die öffentliche Reaktion auf diese unvollständigen Monologe der Halt- und Hilflosigkeit eines k. u. k. Lieutenants in dem vornehm großbürgerlich liberalen Weltblatt ›Neue Freie Presse‹ war im In- und Ausland sofort zweigeteilt: Der ›Bund‹ in Bern lobte, daß Schnitzler ›dieses Menschliche so herausgebracht hat, das seinem Helden unsere Sympathie gewinnt, ist der Hauptbeweis dichterischer Genialität‹. Den ›Stimmen der Gegenwart‹ war Schnitzler ›ein großer Psychologe, ein Mensch, der das wirkliche, echte Leben schildert, ein Dichter in des Wortes reinster Bedeutung‹. Aber für einen Schmutzfink hielten ihn die Deutschnationalen und Christlichsozialen, die Novelle für ein ›Gemisch von Unflat, niedrigster Gesinnung und Verdorbenheit des Herzens, von Feigheit und Gewissenlosigkeit‹. Die ›Deutsche Zeitung‹: ›Wir glauben, daß für ein Subjekt, das so niedriger Denkungsart fähig ist, daß es sich davor nicht scheut, den Stand, dem anzugehören es gewiß nicht würdig

war, zu besudeln und in den Augen anderer herabzusetzen,
ein moralischer Fußtritt viel zu wenig ist.‹ Die ›Österreichische Volkspresse‹ fauchte: ›Literaturjude Schnitzler …
Schundwerke … Schandstück … alle anderen Schunder-
zeugnisse dieses Juden … Wir sagen: ‚Unsere Armee‘, denn
diese, den Ehrbegriff und die Mannesvorzüge verkörpernde
Einrichtung ist durch und durch eine arische, daher dem jüdischen Wesen strikt entgegengesetzt und von den Hebrä-
ern von Grund aus verhaßt.‹
Genährt durch ein gegen Schnitzler als Oberarzt der k. k.
Landwehr eingeleitetes Ehrenverfahren konnte die Presse
den Skandal mehrere Monate am Leben erhalten. Höhe-
punkt und Abschluß brachte der Beschluß des k. k. Land-
wehrkommandos Wien vom 14. Juni 1901. Schnitzler wurde
das Offiziersdekret aberkannt. […]
Dieses Ehrenverfahren und die antisemitische Pressekam-
pagne gegen Schnitzler waren ein Stück Tageskampf
Deutschnationaler und Christlichsozialer gegen die groß-
bürgerlichen Liberalen. Denn die ›Neue Freie Presse‹ war
nun einmal ein Organ des Großkapitals in Österreich, und
auch Arthur Schnitzler gehörte nach Herkunft und Lebens-
art zu jener höheren Schicht der österreichischen Intelli-
genz, die sich aufgrund ihrer materiellen Sorgenlosigkeit
vor allem mit dem liberalen und gebildeten Großbürgertum
verbunden wußte. Schnitzlers Mutter kam aus der wohlsi-
tuierten Familie eines angesehenen Arztes. Und Schnitzlers
Vater war ein renommierter Kehlkopfspezialist. Er kam
zwar aus armen Verhältnissen in Nagy-Kanizsa (Ungarn) in
die Kaiserstadt, hatte auch nur unter großen Entbehrungen
studieren können, danach aber eine Universitätskarriere gemacht. Der Begründer und langjährige Leiter der Wiener
Poliklinik verkehrte mit allen, die Rang und Namen in
Österreich besaßen. Dagegen entstammt Schnitzlers ›Leutnant Gustl‹ ganz unzweifelhaft dem mittleren oder kleinen
Beamten- und Bürgertum in den deutschen Alpenländern,

das damals von den Großkaufleuten niederkonkurriert und ausgeplündert wurde. [...]«

Friedrich Knilli: Lieutenant Gustl – ein k. u. k. Antisemit aus bundesrepublikanischer Sicht. In: Literatur in den Massenmedien – Demontage von Dichtung. Hrsg. von F. K., Knut Hickethier und Wolf Dieter Lützen. München/Wien: Hanser, 1976. S. 146–148. – Mit Genehmigung des Carl Hanser Verlags GmbH & Co., München.

Verkaufstechnisch hatte der Skandal durchaus positive Effekte. Der S. Fischer Verlag reagierte sofort mit einer ganzseitigen Anzeige im *Börsenblatt* vom 2. Juli 1901. Die Einschaltung zitierte aus der Verteidigung Schnitzlers in der *Neuen Freien Presse* und wies auf Schnitzlers Bücher hin, insbesondere auf die skandalisierte Novelle (vgl. S. Fischer / H. Fischer, 1989, 857). Die 1901 erschienene Erstauflage betrug 7000 Stück, noch im selben Jahr erfolgte eine zweite Auflage.

Aus St. Martino di Castrozza schrieb HUGO VON HOFMANNSTHAL am 24. Juni 1901 an Schnitzler:

»Reclameheld! der die Welt zwar nicht durch seine Werke, aber jedes Jahr durch Scandale in Atem hält! Wo sind Sie eigentlich? Dem Wiener Sumpfboden entsprungene Schwindelpflanze!«

Hugo von Hofmannsthal – Arthur Schnitzler. Briefwechsel. Hrsg. von Therese Nickl und Heinrich Schnitzler. Frankfurt a. M: S. Fischer, 1964. S. 147 f.

Noch 1962 anläßlich der Gedenkfeier zum hundertsten Geburtstag Schnitzlers war die Provokationskraft der Novelle so lebendig, daß das monarchistische Mitteilungsblatt *Die Tradition. Nachrichtenblatt Alt-Österreichs* sich empört gegen die Würdigung eines Autors verwahrte, der mit der

Darstellung des Leutnant Gustl den Ehrenkodex des k. u. k. Offizierskorps verunglimpft habe, wie die Wiener *Arbeiter-Zeitung* in einer Glosse unter der Überschrift »Schandfleck Gustl« berichtet:

»Anläßlich des 100. Geburtstages des Schriftstellers Arthur Schnitzler findet gegenwärtig eine große Gedenkfeier statt, die jedoch einigen Leuten in Österreich nicht gefällt – weil Schnitzler die gute alte k. u. k. Zeit nicht in den geziemenden Ehren gehalten hat. Darum erinnert das monarchistische Mitteilungsblatt ›Die Tradition‹ an Schnitzlers größte Schande: die Novelle ›Leutnant Gustl‹ – obwohl sie gerade im Kaiserjubiläumsjahr 1908 [sic] herausgegeben wurde – biete das Leutnantsleben in einer dem Ehrenkodex des k. u. k. Offizierskorps widersprechenden Weise dar. Darum wurde Schnitzler auch seiner Offizierscharge verlustig und zum Sanitätssoldaten degradiert. Das möge die Öffentlichkeit zur Kenntnis nehmen und ihre Begeisterung für Schnitzler mäßigen! – Die Öffentlichkeit wird sich gehörig schämen.«

Arbeiter-Zeitung. 10. Juni 1969.

V. (Sozial)politische Hintergründe:
Duellwesen und Antisemitismus

Zum »Duellunwesen« jener Zeit schreibt Elisabeth Madlener:

»Das Duell ist inzwischen außer gesellschaftlichen Gebrauch geraten, weshalb es möglicherweise erklärungsbedürftig geworden ist. Wenn Duellanten über den Ehrenkodex die Grenze der ›guten Gesellschaft‹ zu bestimmen versuchten, so orientierte diese sich nicht in erster Linie an der sozialen Differenzierung von Adel und Bürgertum, sondern wurde von der ehrlosesten aller Eliten, der militärischen, bestimmt, die ›unter Gleichen‹ direkte Gewalt monopolisierte. Dem Duell, das seine Befürworter als einen ›Krieg en miniature zwischen zwei Menschen‹ [Karl Demeter, *Das deutsche Offizierskorps in seinen historisch-soziologischen Grundlagen*, Berlin 1930, S. 119] beschreiben, liegt eine Rechtsvorstellung zugrunde, die die Wahrheit auf der Seite dessen sieht, der besser schießt. Ein Recht hat dem anderen zu weichen, wie eine Person der anderen. Dem Offizier, wie etwa Leutnant Gustl, dürfte das Duell mit einem sozialdemokratischen Rechtsanwalt als besonders pikantes Unternehmen erscheinen, da dieser übers Recht gewiß eine andere Auffassung vertritt als eben jene archaische, die die persönlich ausgeführte Bestrafung einer objektivierten Prüfung des Streitfalls vorzieht und zudem das eindeutige Ergebnis als Urteil ansieht. Gewiß diente eine Provokation zumeist als Vorwand, wenn es jemand gerade nach ›Sich-gesund-schießen‹ zumute war. Als Schutz vor blindwütigen Scharfschützen mochte in manchen Fällen das sogenannte ›Amerikanische Duell‹ hinreichen, das bei schwersten Beleidigungen die unangemessene Überlegenheit eines Provokateurs ausschließen sollte. Dabei losen die Gegner um das Leben, und wer verliert, tötet sich selbst – ein Verfahren, das zumindest die Gleichheit der Mittel herstellt, indem es die Entscheidung dem Zufall überläßt.

Das Duell wurde von Staats wegen verboten, seit absolutistische Fürstengewalt sich mit zentralisierter Rechtssprechung gegen die lokale Anarchie des Adels durchzusetzen versuchte. Gleichzeitig sollte mit der Einrichtung stehender Heere dem Unwesen, das Regimenter im Frieden zur Blüte trieben, ein Ende gesetzt werden. Daß dies weitgehend mißlang, liegt zum Teil daran, daß bei allem Interesse am sozialen Frieden auf latente Aggressionsbereitschaft nicht verzichtet werden konnte, die im Kriegsfall jeglichem Interesse zur Verfügung stehen sollte, gerade weil sie nach Legitimität nicht fragt. Zum anderen verteidigte der Adel umso vehementer seine privaten Ansprüche aufs Gewaltmonopol, je stärker die Zentralgewalt ihren Machtanspruch zu entfalten versuchte. Gesetzliche Regelungen, die staatlich legalisierten Konzessionen an die Duellpraxis der Offiziers, wurden straflos übertreten, und 1884 erklärte der Kriegsminister Graf Bylandt-Reidt in einer Sitzung des österreichischen Reichsrates: ›Ich bin nicht in der Lage, gegenwärtig in dieser Beziehung etwas zu veranlassen, weil ich ja in direkten Widerspruch mit den Begriffen und Anschauungen des ganzen Offizierskorps treten würde.‹ [Zit. nach: Gustav Ristow, *Ehrenkodex*, Wien 1909, S. XXVI.]

Dieses Eingeständnis ist weniger ein Hinweis auf Staatsschwäche als einer auf gesellschaftliche Machtverteilung, die Österreich zu Ende des 19. Jahrhunderts bestimmte. Wenn das Bürgertum seinen Anspruch an politischer Teilhabe nicht durchsetzen konnte, so ebensowenig seine bürgerliche Rechtsidee. Hingegen hatte es sich die Zugehörigkeit zum Sonderstatus der militärisch feudalen Elite erworben, als Österreich eine preußische Erfindung importierte, die es erlaubte, daß die Mitglieder der bürgerlichen Oberschicht nach einer einjährigen freiwilligen Dienstleistung bei der Armee als Reserveoffiziere entlassen wurden und dabei den

Status des Berufsoffiziers samt seiner Satisfaktionsfähigkeit
ins Zivilleben hinüberretten durften.
Die Analogie mag gewagt sein, doch wird den bürgerlichen
Privatiers nach ökonomischer Entfaltung das Duell in gleicher Weise attraktiv wie die Langeweile: weil beides in Ha-
bitus und Umgangsform ihrer Selbstnobilitierung dient und
gesellschaftliche Gleichheit mit dem Adel zu gewährleisten
scheint. Gerade Schnitzlers Dramenpersonal rekrutiert sich
aus einer von Melancholie, Ennui und Duellwesen homoge-
nisierten Oberschicht, der die klassenspezifische Proveni-
enz nicht mehr anzusehen ist.
Das Duell gerät im Zuge seiner Verbürgerlichung sogleich
in Verruf und erleidet seinen eigenen Wertzerfall, was
wiederum den Bürger dazu bringt, auf der ehemaligen
Exklusivität des Duells zu bestehen, das nun gleichsam zum
dumping-Preis im Ausverkauf der Werte erhältlich war.
Kritische Geister wie beispielsweise der Historiker Georg
von Below bezeichnen ›die verbreitete Meinung von dem
deutsch-ritterlichen Ursprunge des Duells als Legende‹
[G. v. B., *Das Duell in Deutschland. Geschichte und Gegenwart*, Kassel 1896, S. 3] und konstatieren, daß bereits im
19. Jahrhundert von seiner Ehrbarkeit gezehrt wird, da es in
den meisten Fällen zweideutige und unmoralische Affären
heiligen sollte. Die Forderung nach sittlichen Streitfällen
und deren sittlicher Beilegung mag auch die um die Jahrhundertwende ins Leben gerufene Anti-Duell-Liga zu dem
Vorschlag veranlaßt haben, das Duell durch einen schieds-
richterlichen Ehrenrat zu ersetzen. Ein Artikel in der ›Fak-
kel‹ bringt, wie so oft, den ›unheilvollen Zwiespalt sittlicher
und gesellschaftlicher Tendenzen‹ auf den Punkt des eigentlichen Interesses: ›Ich ... stelle fest, daß neun Zehntel aller
schweren und ernsten Duelle mit Schmähungen oder Beschimpfungen nicht das geringste zu thun haben, wenn-
gleich Schmähungen oder Beschimpfungen meistens als
Vorwand für das Duell dienen. Die Conflicte, deren Lösung
durch Duelle vollzogen wird, zerfallen in zwei Gruppen:

Die weitaus kleinere Gruppe umfasst die Conflicte zwischen zwei Personen, die weitaus größere jene, bei denen es sich um eine dritte Person handelt. Rundweg gesprochen: Der Duellkampf ist dort ein ernster, wo er ein Kampf um eine Frau ist; die Duellfrage ist in ihrem Kern eine Sexualfrage. Und was immer man an die Stelle des Duells um das Weib setzen wollte, eines ist undenkbar: die Anrufung des Ehrenraths. [...] Dies ist es, was ich den vortrefflichen Leitern der Anti-Duell-Liga vorwerfe: ihr Gedankengang ist unpsychologisch.‹ [Karl Kraus in: *Die Fackel* 4 (1903) Nr. 134, S. 5 ff.]

Wenn nun das, was sich satisfaktionsfähige Oberschicht nennt, in erster Linie ein Produkt militärischer Verteilung von Ehre und Gewalt ist, so ließe sich eine zunehmende Militarisierung der österreichischen (männlichen) Zivilbevölkerung behaupten, vor allem dann, wenn sie fortwährend in zahllose Liebesverhältnisse verstrickt war. Im Konkreten allerdings ist kaum auszumachen, wie viele Duellanten aneinander vorbeigeschossen haben, weil sie nur widerwillig der Duellpflicht nachkamen. Gerade Schnitzlers Protagonisten unterwerfen sich nur halben Herzens militärischen Normen.

Doch was für die Wirklichkeit nicht recht taugt, eignet sich bekanntlich umso mehr fürs abenteuerliche Phantasieren. Arthur Schnitzler, der sich bei einer Umfrage zwar gegen den Duellzwang, nicht aber gegen das Duell selbst ausspricht, bedient sich des letzteren zur Darstellung dessen, was das Liebesleben in Todesnähe rückt. Es bleibt unnennbar und findet seinen theatralischen Ausdruck in Bildern jenseits möglicher, angemessener Praxis. Die Eindeutigkeit des Duells kann über die Vielschichtigkeit von Beziehungen nicht entscheiden, und was in militärischer Lesart als kriegerische Leistung im Liebesleben zu interpretieren ist, behandelt Schnitzler als Möglichkeit des Scheins, denn das Duell ist das einzige, was die Liebe in der besseren Gesellschaft noch attraktiv macht. Sie gibt sich ihre ›lächerliche

Eitelkeits- und Ehrenkomödie‹ zur eigenen Erbauung. Der
Held der späten schnitzlerschen Erzählung ›Der Sekundant‹
erinnert sich wehmütig vergangener Zeiten, denn sie gaben
›dem gesellschaftlichen Leben eine gewisse Würde oder wenigstens einen gewissen Stil. Und den Menschen dieser
Kreise [...] eine gewisse Haltung, ja den Schein einer immer vorhandenen Todesbereitschaft‹ [A. Schnitzler, *Die erzählenden Schriften in zwei Bänden*, Bd. 2, Frankfurt a. M.
1961, S. 882]. So gesehen, nämlich theatralisch, befinden sich
die Aspiranten auf ein besseres Leben immer in potentieller
Todesgefahr.«

> Elisabeth Madlener: »... Die Duellfrage ist in ih-
> rem Kern eine Sexualfrage.« In: Début eines Jahr-
> hunderts. Essays zur Wiener Moderne. Hrsg. von
> Wolfgang Pircher. Wien: Falter-Verlag, 1985.
> S. 172–175.

Duellerfahrungen gehörten in der Lebenswelt ARTHUR
SCHNITZLERS zur Normalität (zur Sozialgeschichte des Duells allgemein vgl. Frevert, 1991). Wiederholt ist er im Be-
kanntenkreis mit dieser Problematik konfrontiert.

»Gegen Abschluß des Winters hatte er[1] mit einem seiner
Trunk- und Spielgenossen, einem Husarenoberleutnant, ein
Pistolenduell zu bestehen, weil dieser sich antisemitisch-be-
leidigende Äußerungen über Nixls Familie erlaubt hatte.
Am Morgen, da das Duell stattfand, erhielt ich einen Brief
von ihm, in welchem er mich bat, für den Fall seines Todes
die Nachricht seinen Angehörigen, vor allem Heli zu über-
mitteln und mich der verlassenen Freundin anzunehmen,
die er übrigens materiell sichergestellt habe. Falls bis zwölf
Uhr keinerlei Nachricht von ihm an mich gelangt sei, wäre
der Augenblick zur Erfüllung meiner Mission gekommen.
In einer offenbar erträglichen Aufregung, die mir durch

---

1 Alfred Benevisti, genannt Nixl (1854?–1904).

eine Billardpartie noch weiter zu beschwichtigen gelang, – vielleicht nur darum so erträglich, weil ich von einem glücklichen Ausgang völlig überzeugt war, – wartete ich verabredetermaßen im Arkadencafé die Mittagsstunde ab. Wenige Minuten vor der bestimmten Zeit kam Nixl hereingestürzt, im Jagdanzug, den er zur Täuschung der Seinigen hatte anlegen müssen, höchst aufgeräumt, fiel mir um den Hals und berichtete, daß der Kugelwechsel resultatlos verlaufen sei. Das Testament samt dem Legat für Heli war somit vorläufig gegenstandslos geworden [...].«

> Arthur Schnitzler: Jugend in Wien. Eine Autobiographie. Hrsg. von Therese Nickl und Heinrich Schnitzler. Mit einem Nachw. von Friedrich Torberg. Frankfurt a. M.: Fischer Taschenbuch Verlag, 1981 [u. ö.]. S. 208. – Mit Genehmigung des S. Fischer Verlags GmbH, Frankfurt a. M.
> [Im folgenden abgekürzt zit. als: Jugend in Wien.]

Als Schnitzler 1896 dem Journalisten Friedrich Uhl (1825–1906) sein Schauspiel in drei Akten *Freiwild* (Uraufführung am 3. November 1896 am Deutschen Theater Berlin unter Otto Brahm) übergab, das ebenfalls das Duellwesen problematisiert, erscheinen diesem Duellforderungen an den Autor eine unvermeidliche Reaktion der (militärischen) Öffentlichkeit: SCHNITZLER berichtet darüber in seinem Tagebuch:

»16/9 [1896] Bei Uhl. Das erste was er mir sagte: ›Sie werden eine Reihe von Duellen auszufechten haben.‹ (Davon schien er später zurückzukommen.) Dann: So schlampert haben Sie vieles geschrieben (bemerkte aber dazu nur einiges in den ersten Auftritten, was ich zugeben mußte). ›Nicht so gut wie die Liebelei. Nicht so *Sie*, weniger in die Tiefe ...‹ Im ganzen interessirts ihn, den event. Erfolg werden die lustigen Scenen machen. Er fragte nach Burckhards Urtheil. Ich erzählt ihm von dem durch Bh. vorgeschlagnen Schluss. Uhl: ›So ein Esel – ‹ ›Spektakel wirds jedenfalls

machen.‹ – Die Gefahren, die er mir persönlich in Aussicht
stellte, verstimmten mich anfangs riesig, obzwar ich es nicht
glauben kann, dass man mich provociren wollte (anzunehmen denk ich entschieden kein Duell).«

Tagebuch 1893–1902. S. 217.

Nicht selten hatten Duellaffären eindeutig antisemitische
Hintergründe. Anfang April 1900, dem Handlungszeit-
punkt von *Leutnant Gustl*, beschäftigte die Presse die sog.
»Pariser Duellaffäre«, in der ein Graf Lubersac aus offen
antisemitischer Motivation die mit fadenscheinigen Vor-
wänden nur dürftig kaschiert war, den minderjährigen
Baron Edouard Rothschild und nach und nach mehrere andere Mitglieder der Familie Rothschild zum Duell forderte.
Diese zunehmenden antisemitischen Tendenzen spiegeln
sich in SCHNITZLERS Aufzeichnungen vielfach wider.

»An einem dieser Tage [...] war des alten Baron Erlanger
Sohn[2], ein Ulanenleutnant, zu Besuch im Thalhof, ein getaufter Jude, schneidig, ja etwas frech, mit einer riesigen Sä-
belnarbe auf der Stirn. Diesen Fachmann fragte Rudi[3] in
meiner Gegenwart um Rat, ob er sich ›aktivieren‹ lassen
solle. Der Baron schüttelte bedenklich den Kopf. Die Sache
sei nicht so einfach. Im Offiziersstand, besonders bei Kaval-
lerieregimentern, wäre es schwer (– als Jude, auch als getaufter, denn ungetauft hätte man ja überhaupt keine Aussicht –), Konflikten mit den Kameraden auszuweichen. Er
selbst habe ja leider öfter als einmal Gelegenheit gehabt ...
Er brauchte wirklich nicht mehr zu sagen. Die Narbe auf
seiner Stirn glänzte blutrot und beweiskräftig genug. Rudi
Pick nickte nur, er hätte sich vielleicht damals sogar zum
Übertritt verstanden, aber ihm fehlte, um sich als getaufter
Jude unter seinen kavalleristischen Kameraden zu behaup-

2 Ludwig von Erlanger (1862–1923).
3 Rudolf Pick (1865–1915), Jagdmaler und Karikaturist.

ten, was der Baron Erlanger eben vor ihm voraus hatte –
die Million.«

Jugend in Wien. S. 246.

1896 kam es offiziell zu einem antisemitischen Duellverbot
an der Universität Wien. SCHNITZLER über die Stimmung
unter jüdischen Studenten im Hinblick auf die Duellfrage:

»Es war vom Duell die Rede, und wir alle, ohne uns gerade
als prinzipielle Anhänger dieser Sitte zu fühlen, betonten
aus unserem Studententum heraus und mehr noch als Ein-
jährig-Freiwillige und künftige Reserveoffiziere unsere Be-
reitschaft, erforderlichenfalls ritterliche Satisfaktion zu geben. Nur Theodor[4] erklärte, daß er sich unter keiner Bedingung schlagen würde, und zwar einfach darum, wie er auf
unsere Frage lächelnd erwiderte, weil er feige sei. Nicht so
sehr die keineswegs feststehende Tatsache seiner Feigheit,
als der Mut seines Bekenntnisses war es, der uns verblüffte;
was wir damals freilich weder ihm noch uns selber zuge-
standen hätten. Wir waren zwar alle weder Raufbolde noch
besonders tüchtige Fechter, und keiner von uns lechzte daher nach einem Waffenhandel, aber ebensowenig hätte es einer versucht, sich einer studentischen Mensur oder selbst einem Duell zu entziehen, wenn es den geltenden Regeln
nach als unausweichlich gegolten hätte. Die Frage war damals für uns junge Leute, namentlich für uns Juden, sehr
aktuell, da der Antisemitismus in den studentischen Kreisen
immer mächtiger emporblühte. Die deutschnationalen Verbindungen hatten damit begonnen, Juden und Judenstämm-
linge aus ihrer Mitte zu entfernen; gruppenweise Zusam-
menstöße während des sogenannten ›Bummels‹ an den
Samstagvormittagen, auch an den Kneipabenden, auf offener Straße zwischen den antisemitischen Burschenschaften

4 Theodor Friedmann (1860–1914), Arzt.

und den freisinnigen Landsmannschaften und Corps, deren
einige zum großen Teil aus Juden bestanden (rein jüdische
schlagende Verbindungen gab es damals noch nicht), waren
keine Seltenheit; Herausforderungen zwischen Einzelperso-
nen in Hörsälen, Gängen, Laboratorien an der Tagesord-
nung. Nicht allein unter dem Zwang dieser Umstände hatten sich viele unter den jüdischen Studenten zu besonders
tüchtigen und gefährlichen Fechtern entwickelt; müde, die
Unverschämtheit und die Beleidigungen der Gegenseite erst
abzuwarten, traten sie ihrerseits nicht selten provozierend
auf, und ihre immer peinlicher zutage tretende Überlegenheit auf der Mensur war gewiß die Hauptursache des famo-
sen Waidhofer Beschlusses, mittelst dessen die deutsch-
österreichische Studentenschaft die Juden ein für allemal als
satisfaktionsunfähig erklärte.«

Jugend in Wien. S. 151 f.

Zur Entwicklung des Antisemitismus während Schnitzlers
Studienzeit schreibt HARTMUT SCHEIBLE:

»Während der Studienjahre Schnitzlers vollzog sich eine gesellschaftliche Veränderung, die später zu größter Bedeutung kommen sollte, zunächst jedoch nur intermittierend
sich bemerkbar machte: die Entwicklung des Antisemitismus. Er ist nicht zu trennen vom Zerfall des Liberalismus
auf der einen, der Entfaltung der deutschnationalen und
christlich-sozialen Bewegung auf der anderen Seite, die
etwa seit Beginn der achtziger Jahre das vom Liberalismus
zurückgelassene ideologische Vakuum entschiedener aufzu-
füllen begann. Die Schrumpfung des Liberalismus von einer
zukunftweisenden politischen Kraft zu einer Interessenver-
tretung der besitzbürgerlichen Schicht besiegelte die Spaltung des Bürgertums. Die kleinbürgerlichen Bevölkerungs-
teile sahen sich um die Errungenschaften der – ohnehin
alsbald unterdrückten – bürgerlichen Revolution von 1848
geprellt; darüber hinaus war ihnen die ideologische Grund-

lage entzogen, nach der sie sich hätten ausrichten können. Sie sahen sich so, was ihre Stellung innerhalb des Vielvölkerstaates betraf, in gefährliche Nähe der nicht als vollwertig anerkannten slawischen Nationalitäten gerückt und – was ihre ökonomische Bedeutung betraf – in die Nähe des Proletariats, von dem sie gerade mit zäher Anstrengung sich abgesetzt hatten: mit beiden Bevölkerungsteilen schien eine Solidarisierung nicht möglich.

Wäre der Antisemitismus bei den Formen stehengeblieben, in denen Schnitzler ihn während seiner Jugend kennenlernte, das Problem der Stellung der Juden zu den übrigen Teilen der Bevölkerung wäre für den Liberalen Arthur Schnitzler, dem ›Assimilation‹ kein Ziel, sondern eine Selbstverständlichkeit war, nicht zum Problem geworden. Er konnte eben noch als Privatsache, als Zeichen schlechten Geschmacks, interpretiert werden; nur konsequent war es, daß zunächst *vorwiegend die psychologische Seite der Judenfrage* es war, *für die das Interesse in mir meiner ganzen Anlage nach zuerst erwachte* [Jugend in Wien, S. 93]. Die zunächst erstaunliche Feststellung, daß ausgerechnet aus dem antikorruptionistisch-demokratischen Flügel des Wiener Gemeinderates der antisemitische entstand, ist aus dem Verfallsprozeß des Liberalismus erklärbar. Die Spaltung des Bürgertums in Besitzende und Nichtbesitzende, der Niedergang kleiner und mittlerer Gewerbetreibender bei gleichzeitig fortschreitender zügelloser Bereicherung der wenigen Begüterten, machte es der Christlichsozialen Partei – besonders unter dem späteren Bürgermeister von Wien, Dr. Karl Lueger – leicht, sich der kleinbürgerlichen Interessen scheinbar anzunehmen und als individuelles Fehlverhalten, als Korruption, anzuklagen, was in Wirklichkeit Folge des Systems war. Die bloß scheinbare soziale Ausrichtung dieser Partei wiederum mußte den Kampf gegen die Korruption notwendig in antisemitische Hetze umschlagen lassen: mit den Juden war man einer Bevölkerungsgruppe habhaft geworden, die in der Tat – wenig-

stens teilweise – es zu Wohlstand gebracht hatte; soziales
Engagement und Ablenkung von den wahren Ursachen der
unsozialen Zustände ließen sich in der Denunziation der Juden auf verhängnisvolle Weise vereinigen. Das berühmte
Wort des Sozialreformers Ferdinand Kronawetter: ›Der
Antisemitismus ist der Sozialismus des dummen Kerls‹,
trifft den Sachverhalt sehr genau. Daß Lueger den Antisemitismus so ernst nicht gemeint habe, weil er im privaten
Bereich mit Juden befreundet war, zeigt lediglich, wie sehr
die neue – rassische – Form des Antisemitismus nur Mittel zum Zweck, zur Verschleierung wirtschaftlicher Interessen war. Schnitzler hat diesen Zusammenhang vielleicht
nicht ganz durchschaut, aber seine Zurückweisung der
zweideutigen Haltung Luegers zeigt, daß er die eigentliche
Gefahr gerade in der vorgeblichen Trennung des Privaten
und des Politischen ahnte: *Mir galt gerade das immer als
der stärkste Beweis seiner moralischen Fragwürdigkeit.
Oder sind die sogenannten reinlichen Scheidungen zwischen
den Forderungen der politischen Parteistellung einerseits
und den privat menschlichen Überzeugungen, Erfahrungen
und Sympathien auf der anderen Seite wirklich etwas so
Reinliches, als mit dieser Bezeichnung ausgesagt wird? Ich
glaube ganz im Gegenteil, daß es gerade dem Menschen von
seelischem Reinlichkeitsgefühl nicht gegeben ist, solche
Scheidungen durchzuführen oder gar ihrer froh zu werden.*
[ebd., S. 142 f.]
Die Formel von der ›reinlichen Scheidung‹ weist auf den
Bereich, in dem er die neue, rassische Form des Antisemitismus zuerst kennenlernte: die Universität, wo die deutschnationalen Couleurstudenten auf eine radikale Abgrenzung
von ihren jüdischen Kommilitonen hinarbeiteten. Je weniger das liberale Weltbild der Wirklichkeit entsprach, desto
heftiger mußte der verdrängte Konflikt der Nationen auf-
brechen. Der antisemitische Affekt der deutschnationalen
Couleurstudenten, der erst relativ spät (1896) durch den Beschluß des ›Waidhofener Verbandes der Wehrhaften Vereine

Arthur Schnitzler
Bleistiftskizze von Richard Beer-Hofmann aus den 1890er Jahren

(© Andreas Thomasberger, Bad Soden)

Deutscher Studenten in der Ostmark‹ offiziell wurde, und durch den jüdischen Studenten die Satisfaktionsfähigkeit grundsätzlich abgesprochen wurde (*Dem Juden auf keine Waffe mehr Genugtuung zu geben, da er deren unwürdig ist* [ebd., S. 352]), verrät die Angst um das Weiterbestehen der eigenen Privilegien gegenüber den anderen Nationen. Schnitzler greift zu kurz, wenn er meint, die *Hauptursache* des Beschlusses sei gewesen, daß immer weniger jüdische Studenten *die Unverschämtheiten und die Beleidigungen der Gegenseite* hinzunehmen geneigt waren und sich deshalb *zu besonders tüchtigen und gefährlichen Fechtern entwickelt* [ebd., S. 152] hatten. Indem er die sozialen Bedingungen des Antisemitismus als individuelle Reaktionen interpretiert, scheint es, als habe in seiner Beurteilung des Antisemitismus ein Rest jenes aufklärerischen Optimismus sich bewahrt, der die Vorstellung nicht zuließ, daß jenes Produkt eines trüben Irrationalismus letzten Endes doch die Oberhand vor der Vernunft sollte gewinnen können.«

Arthur Schnitzler in Selbstzeugnissen und Bilddokumenten. Dargest. von Hartmut Scheible. Reinbek bei Hamburg: Rowohlt Taschenbuch Verlag, 1976. (rowohlts monographien 235.) S. 26–29. – Mit Genehmigung des Rowohlt Verlags, Reinbek.

Die allgemeine Stimmungslage faßt eine Notiz SCHNITZLERS zusammen. Sie stammt vermutlich aus dem Jahr 1912 und ist der 1968 postum erschienenen Autobiographie *Jugend in Wien* beigefügt, die mit dem Jahr 1889 abbricht:

»In diesen Blättern wird viel von Judentum und Antisemitismus die Rede sein, mehr als manchem geschmackvoll, notwendig und gerecht erscheinen dürfte. Aber zu der Zeit, in der man diese Blätter möglicherweise lesen wird, wird man sich, so hoffe ich wenigstens, kaum mehr einen rechten Begriff zu bilden vermögen, was für eine Bedeutung, seelisch fast noch mehr als politisch und sozial, zur Zeit, da ich diese Zeilen schreibe, der sogenannten Judenfrage zukam. Es war nicht möglich, insbesondere für einen Juden, der in der Öffentlichkeit stand, davon abzusehen, daß er Jude war, da die andern es nicht taten, die Christen nicht und die Juden noch weniger. Man hatte die Wahl, für unempfindlich, zudringlich, frech oder für empfindlich, schüchtern, verfolgungswahnsinnig zu gelten. Und auch wenn man seine innere und äußere Haltung so weit bewahrte, daß man weder das eine noch das andere zeigte, ganz unberührt zu bleiben war so unmöglich, als etwa ein Mensch gleichgültig bleiben könnte, der sich zwar die Haut anaesthesieren ließ, aber mit wachen und offenen Augen zusehen muß, wie unreine Messer sie ritzen, ja schneiden, bis das Blut kommt.«

Jugend in Wien. S. 322.

Was die auch antisemitische Motivation der extremen Reaktion aus Militärkreisen auf die Veröffentlichung des *Leutnant Gustl* betrifft, notiert SCHNITZLER im Tagebuch vom 17. März 1903 ein Gespräch mit Hermann Bahr:

»[...] über das ›Recht‹ der Juden Wiener Stücke zu schreiben. Charakteristisch: B. hatte von einigen vernommen, die gegen den Ltnt. Gustel [sic] vorbrachten: ein Jude sollte doch keinen oesterr. Ltnt. schildern!–«

Arthur Schnitzler: Tagebuch 1903–1908. [Hrsg. von] Werner Welzig. Wien: Verlag der Österreichischen Akademie der Wissenschaften, 1991. S. 21. – Mit Genehmigung des Verlags der Österreichischen Akademie der Wissenschaften, Wien.

SCHNITZLERS eigene Haltung in der Duellfrage ist durchaus zwiespältig, wie sowohl Tagebucheintragungen als auch retrospektive Reflexionen belegen:

»29/5 [1896] [...] Salten im Kfh., hat sich gestern mit einem gewissen Jacobsohn auf Säbel mit Binden und Bandagen ge-

schlagen, leichte Schädelwunde (Grund, Journalistenheche-
lei). Wie dumm und bestialisch. Trotzdem hab ich doch immer einen leichten Neid, auf den, der sich geschlagen hat.«

Arthur Schnitzler: Tagebuch 1879–1892. [Hrsg.
von] Werner Welzig. Wien: Verlag der Öster-
reichischen Akademie der Wissenschaften, 1987.
S. 193 f. – Mit Genehmigung des Verlags der
Österreichischen Akademie der Wissenschaften,
Wien.

»Unter den sonstigen Freunden stand mir immer noch Richard Tausenau [1861–93] am nächsten, der mir wie durch
sein Wesen so auch durch seine Erlebnisse der merkwürdig-
ste blieb. Vor kurzem war ihm eine Geliebte gestorben, die
Maitresse eines polnischen Abgeordneten, mit dem er um
dieser Frau willen beinahe ein Duell oder, wie er sich ele-
gant und beiläufig ausdrückte, eine Schießerei gehabt hätte.
Vom Begräbnis aus kam er geradenwegs ins Arkadencafé,
setzte sich zu uns an den Spieltisch und nahm ohneweiters
an unserer Pokerpartie teil, was wir mit mißbilligendem
Schauer, aber respektvoll geschehen ließen.«

Jugend in Wien. S. 265 f.

In SCHNITZLERS Nachlaß fand sich eine zu Lebzeiten unveröffentlichte Antwort auf eine Rundfrage über das Duell:

»Die Beziehungen zwischen zwei Menschen, die zu einem
Zweikampf führen können, sind sehr vielfältiger Natur und
ebenso vielfältig die Bedeutung, die dem Duell als Abschluß
der Beziehungen zwischen zwei Menschen zukommt.
Diese menschlichen Beziehungen haben mit allen anderen,
wie z. B. Ehe, Liebe, Freundschaft, außer ihrer Vielfältigkeit
auch das gemeinsam, daß den außenstehenden Menschen
ein wirklicher Einblick in sie verwehrt ist und daß daher
jede Einmischung von anderer Seite unerlaubt, ungebühr-
lich, ja vielleicht unsittlich erscheint, solange es sich eben

ausschließlich um diese Beziehungen an sich handelt und
nicht um den Einfluß, den sie eventuell auf die Existenz
Unbeteiligter zu nehmen imstande sind.

Es ist also nicht nur töricht, sondern sogar unverträglich
mit dem Recht der Selbstbestimmung zwei Individuen, deren Beziehungen sich dahin entwickelt haben, daß sie das
unabweisbare Bedürfnis empfinden, sich mit den Waffen
in der Hand gegenüberzustehen oder einer den andern zu
töten, an der Ausführung dieses Vorsatzes zu hindern.

Gegen Duellanten also, die sich freiwillig gestellt und solche, die den Gegner nicht in irgendeiner Art zum Duelle gezwungen haben, dürfte von staatswegen niemals etwas unternommen werden, selbst wenn das Duell einen unglück-
lichen Ausgang hatte. Hier erst setzt die Frage ein; nicht um
das Duell, sondern um den Duellzwang handelt es sich.
Und zwar nicht um den augenfälligen Zwang, gegen den
einzuschreiten eine verhältnismäßig einfache Sache wäre,
sondern um die vielfachen Formen des uneingestandenen,
unaufrichtigen, gefährlichen Zwanges, der in unseren gesellschaftlichen Zuständen begründet ist.

Bei oberflächlicher Betrachtung könnte man beinahe glauben, daß es einen Zwang zum Duell wenigstens für Zivilisten überhaupt nicht gibt, wie denn die Duellfrage im Offiziersstande hier schon darum außer acht gelassen werden
soll, weil jeder, der diese Karriere einschlägt, ebenso gut
weiß, welchen Anschauungen und Gesetzen er sich damit
unterworfen hat, wie der Arzt, der es seinerseits nicht ablehnen darf, sich bei einer plötzlich ausbrechenden Epidemie an der Behandlung der Erkrankten zu beteiligen und
die damit verbundene Gefahr auf sich zu nehmen, wenn er
auch auf den Ausbruch einer Epidemie bei Ablegung des
Doktorats nicht gefaßt war.

Anders aber steht es beim Zivil. Hier kommt es jeden Tag
vor, daß Leute auch ohne Absicht in Kreise geraten, wo Anschauungen herrschen, in denen der Duellzwang notwendig
inbegriffen ist. Solange Leute als feig gelten werden, die

eine Duellforderung ablehnen und solange Leute den Vorwurf dieser sogenannten Feigheit als diffamierend empfinden werden, solange wird auch der Duellzwang bestehen.
Keine behördliche Verfügung, kein Gesetz wird die Macht
haben, jemanden, der einen andern wirklich oder im Sinne
der geltenden gesellschaftlichen Anschauungen beleidigt
hat, davor zu schützen, daß er eine Ohrfeige bekommt.
Und solange diese Ohrfeige ihre innerhalb der Gesellschaft
nun einmal feststehende symbolische Bedeutung behält,
wird keine behördliche Verfügung die Macht besitzen, den
Geohrfeigten glauben zu machen, daß sein Beleidiger durch
eine Geldstrafe von fünf bis hundert Gulden oder selbst
durch Arrest von vierundzwanzig Stunden genügend be-
straft und damit seine, des Gezüchtigten Ehre wiederhergestellt weiß. So wird also diese Ohrfeige, wenn andere Mittel
versagen, in all den Kreisen, wo sie eben als Symbol gilt, einen absoluten Zwang zum Duell bedeuten.
Es ist also unbedingt erforderlich, diese Beleidigung innerhalb von Kreisen, wo sie eben mehr bedeutet als sich selbst,
mit einer Strafe zu belegen, die dem symbolischen Ernst der
Beleidigung angemessen ist; unter Umständen mit schweren
Kerkerstrafen.
Ebenso streng müßte der Vorwurf der Satisfaktionsunfähig-
keit gestraft werden, der gegen den Duellverweigerer öffentlich erhoben würde, denn es ist sehr wohl der Fall zu
denken, daß jemand einmal mit guten Gründen ein Duell
abgelehnt hätte und ein anderes Mal aus ebenso guten
Gründen die Nötigung empfände, selbst jemanden zum
Duell herauszufordern.
Die Forderung an sich aber dürfte niemals strafbar sein. Sie
hätte nichts anderes zu bedeuten und dürfte nicht in anderem Sinne aufgefaßt werden als die Frage: willst du dich mit
mir schlagen? – eine Frage, auf die die Antwort dem andern völlig frei stünde und auch eine abschlägige keinerlei
diffamierende Folgen für den Duellverweigerer mit sich
brächte, woraus die einfache Folgerung resultiert, daß man

auch den Fordernden für ein Ja des Geforderten in keiner Weise verantwortlich machen dürfte.

Auch von prinzipiellen Duellgegnern hört man immer wieder die Ansicht aussprechen, daß es immerhin Fälle gibt, wo das Recht, jemanden zum Duell zu provozieren, unbedingt zuerkannt werden müßte. Und als Lieblingsbeispiele werden immer wieder solche Fälle gewählt, in denen es sich um Verführung der Gattin oder der Schwester handelt. Und doch liegt hier die Sache nicht anders als in sämtlichen anderen Fällen, bei denen sich irgend jemand beleidigt fühlt. Ist der sogenannte Verführer geneigt, auf das Duell einzugehen, so möge es stattfinden und – wie immer der Ausgang sei – straflos bleiben. Ist aber der Beleidiger nicht geneigt, die verlangte Satisfaktion zu geben, so wäre der Versuch, ihn zu einem Duell zu zwingen, mit der gleichen Schärfe zu ahnden, wie in jedem andern Fall. Natürlich müßte dem Gatten oder dem Bruder Gelegenheit geboten werden, sich auf andere Weise Genugtuung zu verschaffen, auf die er nach unseren heute noch bestehenden bürgerlichen Anschauungen ein Recht beanspruchen kann. Doch besteht ein solches Recht überhaupt viel seltener als man heute noch zugibt, es sei, man wollte ausdrücken, daß auch schon der verletzten Eitelkeit ein Recht auf Genugtuung zustünde.«

Arthur Schnitzler: Aphorismen und Betrachtungen. Hrsg. von Robert O. Weiss. (Gesammelte Werke.) Frankfurt a. M.: S. Fischer, 1967. S. 321–323. – Mit Genehmigung des S. Fischer Verlags GmbH, Frankfurt a. M.

VI. Literaturwissenschaftliche Rezeption

In seinem Nachwort zur Neuausgabe 1962 untersucht HEINZ POLITZER, wie Schnitzler aus der Experiment-Anordnung »Wie verhält sich der Mensch im Angesicht des Todes« am Beispiel Leutnant Gustls eine Epochendiagnose der Stimmung Europas um die Jahrhundertwende gestaltet:

>»*Leutnant Gustl* ist der erste (beinah) konsequent durchgehaltene ›innere Monolog‹ in deutscher Sprache. Das Ich des jungen Leutnants wird nicht mit den Worten seines Dichters geschildert; statt dessen stellen sich seine Gedanken und Gefühle, seine Reaktionen und Entschlüsse selbst dar. Dies ist keine Ich-Erzählung im konventionellen Sinn, in der das berichtende Ich in wohlgesetzter und künstlerisch organisierter Rede (die meistens zudem eine Schreibe ist) seinen Vortrag hält. Schnitzler dringt hinter das Bewußtsein, das einen solchen Vortrag erst ausarbeitet; er überschreitet die Schwelle dieses Bewußtseins und gelangt in jenes trübe und wirre Reich des Vor-Bewußten, in dem Worte und Gedankenfetzen in jähen und übergangslosen Wendungen ihr Wesen treiben, ehe der Gedanke sie zu Wort kommen läßt. Zunächst ist der Schriftsteller Schnitzler nichts als ein Instrument, das die Erschütterungen, Regungen und Schwebungen einer Seele im Urzustand aufzeichnet. [...] Schnitzler ist dem Vorsatz der realistischen Experimentalepik treu geblieben: er studiert ein Exemplar der Spezies Mensch als ein natur- und gesellschaftsgeschichtliches Phänomen. Seiner Intention nach bietet der »innere Monolog« des Leutnants ein Maximum an Objektivität. Schnitzler betrachtet seinen Helden, wie ein Mikrobenforscher einen Wassertropfen unters Mikroskop nimmt. Und da es sich ja um ein Experiment mit der Mikrobe Mensch handelt, stellt der gewissenhafte Forscher-Schriftsteller die diesem Experiment günstigsten Bedingungen her. Diese Bedingungen

selbst sind sozialer und historischer Natur, vom Milieu dik-
tiert, in dem sich das Versuchsobjekt gewohnheitsmäßig befindet. Damit die Ergebnisse des Experiments möglichst
deutlich werden, sind seine Bedingungen auf die Spitze ge-
trieben, eine Spitze, die sich ohne besonderes Zutun des
Autors kritisch gegen die Gesellschaft richtet, für die der
Gegenstand der Untersuchung charakteristisch ist. [...]

Das Problem ist gestellt: Wie verhält sich der Mensch im
Angesicht des Todes? Reißt ihn sein Ende zu höherer Einsicht empor? Treibt ihn die Verzweiflung darüber, daß
nun ein für allemal Schluß gemacht werden muß, zu außer-
gewöhnlichen Entschlüssen oder Taten? Ändert sich, da
morgen seine menschliche Existenz aufhört, heute das spezifische Gewicht seiner Menschlichkeit? Was einem Ertrin-
kenden in den spärlichen Sekunden seines Versinkens vor
Augen erscheint, das bietet sich Leutnant Gustl in den
langen Stunden einer einsamen Nacht zur Wahrnehmung
dar.

Im Verlauf des Experiments kommt der Leutnant einige
Male dem einzigen Ergebnis nahe, das seine extreme Lage
ihm zu bieten hat: der Erkenntnis seiner selbst. Kindheit
und Familie tauchen auf (›der Papa und die Mama und die
Klara ... aber was ist denn weiter zwischen uns? gern haben
sie mich ja – aber was wissen sie denn von mir?‹); die Geschichte seiner Jugend, die bereits verfehlt war (›Er hätt' nur
noch sagen müssen, daß sie mich aus dem Gymnasium hinausg'schmissen haben, und daß ich deswegen in die Kadettenschul' gesteckt worden bin‹); der Dienst an der Grenze
(›das war eine gräßliche Zeit‹); die Stunden der kleinen
Liebe, von denen kaum eine andere Erinnerung geblieben
ist als das Bild eines ›Badezimmers mit der roten Latern'‹
und der Farbfleck eines ›grünen Schlafrocks‹. Was dem
Leutnant jedoch verborgen bleibt, dem Leser aber, der hinter seinen Gedankenfetzen zu lesen imstande ist, mit er-
schreckender Deutlichkeit immer klarer wird, ist Gustls
Aggressivität, die ihn von Frau zu Frau, von Duell zu Duell

treibt und ihm nur *ein* Ziel als wünschenswert erscheinen läßt: auf dem Feld der Ehre zu fallen (›Etwas hätt' ich gern noch mitgemacht: einen Krieg – aber da hätt' ich lang' warten können.‹) Durch die Zwischenräume, die seine Gedankenfetzen umgeben, gähnt das Dunkel einer völligen Sinn- und Zwecklosigkeit. Leutnant Gustls Existenz ist von allem Anfang an verpfuscht. Was ihn hetzt, ist der – ihm unbewußte – Wunsch, dem eigenen hektischen Dahinvegetieren ein Ende zu setzen. Mit Absicht zeichnet Schnitzler als ersten Gedankensplitter seines Leutnants die Frage auf, die über seinem ganzen Leben steht: ›Wie lange wird denn das noch dauern?‹

Nirgendwann läßt uns das Experiment vergessen, daß Gustl nur *ein*, mehr oder minder nach Gutdünken aus einer Menge gleichartiger Versuchsobjekte herausgegriffener Einzelfall ist. Dieser Einzelfall aber ist für die Gesamtheit charakteristisch, die ihn bedingt und geprägt hat. Leutnant Gustl ›ist‹ Wien, ›ist‹ das Vorkriegsösterreich, ›ist‹ der europäische Mensch in der trügerischen Windstille vor 1914. So wird in der Spiegelung seiner Assoziationen die Stadt sichtbar, die der Ruhelose durchwandert; die Namen ihrer Gassen und Gasthäuser klingen in realistischer Treue wider; die Schatten ihrer Parks und Brücken legen sich über seinen Weg; der Tonfall, in dem sich das Ungesprochene in seiner Seele abzeichnet, ist bis zum Phonetischen genau der Dialekt der österreichischen Armee, das sogenannte Armeedeutsch. Diese Armee erscheint mit ihren vielfachen und einander feindlichen Nationalitäten, wenn Gustl an die Namen seiner Kameraden denkt, den Tschechen Kopetzky, den Deutschen Ballert, den Südslaven Mirovic. Auch das Mißtrauen der Zivilisten zu der Berufsethik des Militärs wird deutlich: ›Herr Leutnant, Sie werden mir doch zugeben, daß nicht alle Ihre Kameraden zum Militär gegangen sind, ausschließlich um das Vaterland zu verteidigen‹; die Berechtigung dieses Mißtrauens wird erhärtet, wenn der Leutnant gesteht: ›Außer Dienst war ich immer gemütlich.‹

Der schleichende Antisemitismus Wiens unter dem Volks-
bürgermeister Dr. Karl Lueger deutet sich an; die Angst vor
dem Sozialismus, der für den Leutnant schlechthin mit ›In-
telligenz‹ identisch ist; aber auch der Verfall eines Bürgertums, das sich zwischen Kaffeehaus und Konzertsaal vorwiegend mit erotischen Verhältnissen zu beschäftigen
scheint. *Liebelei* (ein anderes Theaterstück Schnitzlers) bin-
det als eine Art von Volkssport die Klassen und Rassen der
alten Monarchie noch einigermaßen aneinander. Auch hier
wird im Medium des Versuchsgegenstandes, welcher das
Produkt dieser Gesellschaft ist, lediglich gezeigt, was da ist;
nicht, wie es anders sein könnte oder sollte. Immerhin war
selbst diese Tatsachenaufnahme revolutionär genug, um
Schnitzler den Verlust seiner Würde als Militärarzt in der
österreichischen Armee einzutragen.

Während sich in Gustls Vor-Bewußtsein die Wirklichkeit
spiegelt, zerbricht sie. Der Boden schwankt unter seinen
Füßen. Ihn schwindelt. Die Worte decken sich mit den Dingen nicht mehr, die sie bezeichnen sollen. Gustl beginnt, mit
den Worten zu spielen: ›Meiner Seel’, mir ist geradeso, als
wenn ich einen Rausch hätt’! Haha! Ein schöner Rausch!
ein Mordsrausch! ein Selbstmordsrausch! – Ha! Witze
mach ich, das ist sehr gut! … so was muß doch angeboren
sein …‹ Gustl irrt: Wortspiele sind Spiele mit Formen der
Sprache, denen der Inhalt abhanden gekommen ist. Sie sind
nicht angeboren, sondern setzen einen hohen Grad von
Verfeinerung voraus. Einen solchen Zustand der Abstrak-
tion erreicht Gustl hier nur, weil sich ihm die Wirklichkeit
zu entziehen begonnen hat. Am Vorabend seines Todes erst
kann der Leutnant Gustl mit dem Wort ›Selbstmord‹ spielen. Und später dann, wenn es schon wieder Tag geworden
und er seinem Untergang bis auf Haaresbreite nahe gekommen ist, denkt es in ihm: ›Wenn ich wollt’, könnt ich noch
immer den ganzen Krempel hinschmeißen … Was ist das
‚Krempel‘? *Was* ist ein ‚Krempel‘?‹ Ein Krempel ist ein
Kram; sein Leben ist ein Krempel; er stolpert über dieses

Wort, weil es seine Existenz bezeichnet, und denkt lieber über das Wort nach als über den Gegenstand, den es bedeutet: sein mit Kleinkram vollgepfropftes und davon verstelltes Leben. Und umgekehrt, weil die Ahnung von der Sinnlosigkeit, der ›Krempelhaftigkeit‹, seiner Existenz in seinen Gedanken rumort, beginnt er, diesen Gedanken zu mißtrauen und damit auch den Worten, die dieser Gedanken Träger sind. Der Wortzerfall ist ein Anzeichen des Wirklichkeitsverlustes. ›... die abstrakten Worte, deren sich doch die Zunge naturgemäß bedienen muß, zerfielen mir im Munde wie modrige Pilze‹, schrieb im Erscheinungsjahr des *Leutnant Gustl* Hugo von Hofmannsthal, Schnitzlers Landsmann und Freund, in seinem ›Brief‹, der als ›Brief des Lord Chandos‹ ein Grunddokument der modernen Literatur darstellt. So ähnlich sagt es der Leutnant Gustl auch, und es ist zu fragen, ob dies nicht etwa der einzige Ort ist, an dem der Experimentator Schnitzler selbst an Stelle seines Experimentalobjektes Gustl das Wort ergreift und in eigener Sache spricht. Auf alle Fälle ist hier der Leutnant weit über die Grenzen seines normalen Verstandes hinausgeraten.

Im übrigen befleißigt sich Schnitzler der äußersten Wissenschaftlichkeit. Er setzt seinen Versuchsgegenstand den stärksten Reizen aus, die in ihm eine Veränderung seiner Verhaltensweise bewirken könnten. In Gustls Erinnerung steigt der Schatten jener Adele auf, die ihn hätte lehren können, was es mit der Liebe zu einem anderen Menschen für eine Bewandtnis hat. Unverzüglich stößt der Leutnant den Schatten zurück, genauso, wie er einmal der wirklichen Adele den Laufpaß gegeben hat: › ... mein Lebtag hab’ ich kein Frauenzimmer so weinen geseh’n ... Das war doch eigentlich das Hübscheste, was ich erlebt hab’ ...‹ Solcher Art ist die ›Gemütlichkeit‹ beschaffen, die er ›außer Dienst‹ an den Tag legt. Er kennt nicht den Menschen, nur ›das Mensch‹, worunter der österreichische Dialekt ein jedes Frauenzimmer bezeichnet, das zu haben ist. Daß es jedoch das Geheimnis des Menschen schlechthin ist, nicht ›zu haben‹ zu sein, es wäre denn, daß die Hingabe des einen der Hingabe des anderen begegnete – diese simple Weisheit bleibt dem Leutnant auch in der Nacht seiner Prüfung verschlossen.

Auf dem Heimweg, der für ihn noch den Weg in den Tod bedeutet, betritt Gustl eine Kirche. (Sie läßt sich auch heute noch genau bestimmen: es ist die St. Nepomukskirche, etwa mittenwegs in der Praterstraße gelegen.) Orgelklang umfängt ihn; wodurch sich die Erzählung formal zu schließen scheint: sie hat mit Orgelklang und dem Chor: ›Ihr, seine Engel, lobet den Herrn‹ begonnen. Er betritt das Gotteshaus, wie man ein ungewisses Geschäft eingeht: ›... am End’ ist doch was dran ... Na, geh’n wir hinein – schaden kann’s ja nicht!‹ In der Morgenkühle des Kirchenraums befällt ihn die Angst, die nackte Angst der Kreatur, die sich vor ihrem Schöpfer verantworten soll. Er tastet nach einem Fürsprech: ›O Gott, o Gott, o Gott! ich möcht’ einen Menschen haben, mit dem ich ein Wort reden könnt’ vorher!‹ ›Vorher‹, das ist: ehe er vor den Richterstuhl tritt. Einen Augenblick lang ist er soweit, ein altes Weib, das da vor ihm kniet, zu bitten, daß sie ihn in ihr Gebet einschließe. Und doch endet er damit, die Summe aller Erlebnisse dieser Nacht in die Worte zu fassen: ›Ha! mir scheint, das Sterben macht blöd‹!‹ ›Blöd‹ ist ein altes Wort für ›blind‹; und Gustl hat der Todesnähe bedurft, um seiner fatalen Verblendung bewußt zu werden. Aber in Wahrheit war der Leutnant Gustl von Geburt an blöd und blind; und so hatte der Bäckermeister Habetswallner durchaus recht, wenn er ihn am Abend zuvor einen ›dummen Buben‹ nannte. Schließlich hat Gustl gar noch die Stirn, seine wunderbare Rettung dem Besuch in der Kirche zuzuschreiben: ›Oh, herrlich, herrlich! – Am End’ ist das alles, weil ich in der Kirchen g’wesen bin ...‹ Das Geschäft, denkt er, hat sich gelohnt.

Denn Leutnant Gustl wird gerettet. Im Kaffeehaus, in das er stracks nach dem Besuch in der Kirche marschiert, nicht

ohne auf dem Weg einem ›kleinen Fratzen‹ mit hübschem
Gesicht vielversprechende Augen gemacht zu haben, erfährt
der Leutnant, daß seinen bürgerlichen Beleidiger in der
Nacht, der Nacht von Gustls Prüfung, der Schlag getroffen
hat. (Der Arzt Schnitzler läßt sich auch daran erkennen, daß
er die apoplektische Natur des jähzornigen Bäckermeisters
in seinem kurzen Dialog mit dem Leutnant zu Beginn der
Erzählung als symptomatisch hat hervortreten lassen.)
Gustl bleibt am Leben. Denn daß er das Duell mit dem
›Doktor‹, zu dem er sich jetzt wieder stellen darf, siegreich
bestehen wird, darüber läßt er und sein Dichter den Leser
keinen Augenblick in Zweifel.

Leutnant Gustl geht aus der Prüfung, der ihn sein Dichter
Arthur Schnitzler unterzogen hat, genauso hervor, wie er in
sie eingetreten ist. Das Resultat: Mensch bleibt Mensch. Das
spezifische Gewicht von Gustls Persönlichkeit hat sich auch
unter dem Druck des nahen Todes nicht verändert. Mit der
Elastizität, die manche auch Vitalität nennen, stellt sich der
Charakter Gustls wieder her, als wäre er eine Gummi-
puppe. Der Tod, die Angst, die Liebe, Gott, alle die Reize,
die Schnitzler bei diesem Experiment ins Spiel gebracht hat,
haben ihre Wirkung verfehlt. Leutnant Gustl = Leutnant
Gustl. *Quod erat demonstrandum.*

Mit der Scheu des Wissenschaftlers hat es Arthur Schnitzler
aufs peinlichste vermieden, aus seinem Leutnant eine pathe-
tische Figur werden zu lassen, indem er es ihm etwa erlaubt
hätte, sich selbst zu töten (was, wie die Erzählung nun einmal geführt ist, für den Autor ein leichtes gewesen wäre).
Statt dessen verurteilt er ihn, schweigend, zum Leben; zu einer Existenz der Mittelmäßigkeit, der kleinen Abenteuer
und ihres Mißlingens und der großen Aggressivität. Der
letzte Satz von Gustls ›innerem Monolog‹ lautet: ›Dich hau'
ich zu Krenfleisch!‹ Zusammen mit dem schon zitierten ersten (›Wie lange wird denn das noch dauern?‹) ergibt dieser
Schlußsatz eine Diagnose, nämlich die Diagnose der Stimmung Europas um die Jahrhundertwende. Wie aber eine ge-

glückte Diagnose schon die Prognose, die Aussage über den künftigen Krankheitsverlauf, in sich schließt, bereitet sich in der ziellosen und zerfahrenen Seele des österreichischen Leutnants schon die Katastrophe des Ersten Weltkriegs vor, der, dreizehn Jahre nach der Niederschrift dieser Novelle, der gemütlichen und brutalen Welt Gustls ein Ende setzen sollte. Uns Heutigen scheint es unvermeidlich, daß eine Seelenstimmung wie die des Leutnants zum Krieg führen mußte, sofern sie nur einigermaßen typisch für den Rest der Menschheit war, die sich in Gustls Gestalt dem Experiment Schnitzlers unterzog. Wie typisch diese Stimmung in der Tat gewesen ist, ersieht der Leser aus der Tragödie *Die letzten Tage der Menschheit*, die der Wiener Satiriker Karl Kraus, allerdings erst nach ihrem Ende, 1918 und 1919, veröffentlichte.«

Heinz Politzer: Nachwort. In: Arthur Schnitzler: Leutnant Gustl. Nachw. und Anm. von H. P. Frankfurt a. M.: S. Fischer, 1962. S. 41–49. – Mit Genehmigung des S. Fischer Verlags GmbH, Frankfurt a. M.

Zur Funktion des inneren Monologs, ein Höchstmaß von scheinbar chaotisch aufeinanderfolgenden Informationen entlang eines Bewußtseins zu strukturieren, schreibt KLAUS LAERMANN:

»Der innere Monolog, das ist Schnitzlers genialer Kunstgriff, ist der Handlung an keiner Stelle äußerlich, sondern stets unmittelbar durch sie bedingt. Er setzt ein während des Konzerts, in einer sozialen Situation also, in der auf Seiten des Publikums jede direkte Interaktion mit anderen normativ suspendiert ist. Gustls Motorik ist in dieser Lage zwangsweise stillgestellt; er ist der optischen Anonymität und der akustischen Rezeptivität des Konzertsaals ausgeliefert, ohne diese genießen oder wenigstens jene ertragen zu können. Ihm bleibt unter diesen Umständen einzig die

Möglichkeit, über die Unmöglichkeit seiner Lage nachzudenken. Schon hier ist der innere Monolog eine Reflexion
wider Willen. Er wird dies vollends nach der Dialogpartie,
die den Zusammenstoß mit dem Bäckermeister schildert.
Sie ist ebenso wie der Dialog mit dem Kellner am Ende der
Novelle auf höchst kunstvolle Weise durch Formeln wie
›Was sagt der Kerl?‹ [16] an den Monolog gebunden.

Läßt sich die Zerstreutheit der Assoziationen Gustls während des Konzerts noch durch die Vergeblichkeit seines Be-
strebens rechtfertigen, sich der für ihn unerträglichen Um-
gebung wenigstens in Gedanken zu entziehen, so zeigt sich
im zweiten Teil seines Monologs, daß er über eine geradezu
exemplarische Unfähigkeit zur Selbstreflexion verfügt. Er
ist weder zu einer Bestandsaufnahme noch zu einer Revision seines bisherigen Lebens fähig und wird durch den ver-
meintlichen Verlust seiner Ehre doch zu beidem gezwungen. In seinen Assoziationen erbringt er eigentlich keinerlei
kognitive Leistungen. Ebensowenig schafft er es, über seine
Gefühle Klarheit zu gewinnen. Rechenschaft braucht er sich
auch über seine Beziehungen zu anderen kaum abzulegen.
Denn diese Beziehungen stehen beinahe vollständig unterm
Diktat seines Ehrenkodex. Durch diese Regulierung über-
treffen sie, wie sich an seinem Monolog erweist, sein Verhältnis zu sich selbst an Intimität, an Intensität und vor allem an Kontinuität. Nicht zuletzt hieran wird deutlich, wie
lebenswichtig für ihn die ehrenvolle Bindung an eine reprä-
sentative Öffentlichkeit ist und wie wenig er darauf vorbereitet ist, ohne die fortlaufende Bestätigung durch andere
über sich selbst nachzudenken.

Der innere Monolog, so könnte man also folgern, wird in
der deutschen Literatur zuerst an einer Figur vorgeführt,
die für ihn merkwürdig ungeeignet ist. Würde man dieser
These vorbehaltlos zustimmen, müßte man jedoch unter-
stellen, daß er im Grunde dem regelhaften Nacheinander eines geordneten Denkens zu folgen hätte und daß *Leutnant
Gustl* dem aus vielerlei inhaltlichen und formalen Gründen

nicht gerecht zu werden vermag. Dagegen läßt sich gerade
umgekehrt die These vertreten, daß der innere Monolog
wie kein anderes Stilmittel die Desorganisation seiner In-
halte organisiert. Denn kaum eine andere Technik erlaubt
es, eine scheinbar völlig chaotische Abfolge von Sachgehal-
ten mit einer so unglaublichen Informationsdichte zu verbinden.

Erst mehrmaliges Lesen läßt erkennen, daß der Text durch
die offenbare Regellosigkeit der Assoziationen hindurch
folgende Informationen mehr oder weniger zweifelsfrei
übermittelt: Die Handlung beginnt am »vierten April« [25]
um 21.45 Uhr [9] und endet am folgenden Morgen gegen
6.00 Uhr [37]. Gustl ist zu diesem Zeitpunkt dreiundzwan-
zig oder vierundzwanzig Jahre alt [25]. Er entstammt einer
höheren Grazer Beamtenfamilie [27], von der unbestimmt
bleibt, ob sie adelig ist oder bürgerlich. Sein Vater ist im
Verlauf des letzten Jahres unter Umständen, die seine Mutter als kränkend empfunden hat, »in Pension gegangen«
[12]. Gustl hat eine Schwester im Alter von achtundzwanzig
Jahren, die, weil sie offenbar über keinerlei Mitgift verfügt,
noch unverheiratet ist [12], obwohl sie fünf Jahre zuvor
schon einmal verlobt war [27]. Gustl selbst wurde als Schü-
ler aus ungenannten Gründen »aus dem Gymnasium hinausg'schmissen« und daraufhin »in die Kadettenschul' gesteckt« [14]. Er ist also, wie der Jurist, den er deswegen fordert, sehr richtig bemerkt, nicht ganz freiwillig Offizier
geworden. Denn aufgrund des erzwungenen Schulwechsels
wurde der ursprüngliche Plan seiner Familie durchkreuzt,
daß er Ökonomie studieren [27] und anschließend auf dem
Landgut eines Onkels in Ungarn [12] arbeiten sollte. Dieser
Onkel, ein Bruder seiner Mutter, [11], ist schon mehrmals
für die Spielschulden Gustls aufgekommen [11]. Er soll
auch jetzt wieder die 160 Gulden zahlen, die Gustl am Tag
zuvor verspielt hat [11]. Schon zu der Zeit, als sein Vater
noch nicht pensioniert war, scheinen Gustls Eltern so wenig
vermögend gewesen zu sein, daß sie es ihrem Sohn nicht er-

möglichen konnten, Kavallericoffizier zu werden. Als solcher hätte er nämlich ein eigenes Pferd unterhalten müssen. Und das, so hatte sein Vater ihm erklärt, »wär' ein zu teurer Spaß gewesen« [29]. Das Duell mit einem promovierten Juristen, das am nächsten Tag um vier stattfinden soll, wurde ausdrücklich von Gustls Vorgesetzten gebilligt. Gustl meint, es werde seiner Karriere nützen [13]. Es ist im übrigen keineswegs sein erstes Duell; schon vor anderthalb Jahren hat er sich mit einem Oberleutnant geschlagen [12].

Werden manche dieser biographischen Informationen unumwunden ausgesprochen, so sind andere, oft gegen Gustls Absicht, nur zu erschließen. Durch die starke Subjektiviertheit der Assoziationen tritt im inneren Monolog keine Äußerung auf, die nicht durch die Art, wie er sich zu ihr verhält, den Sprecher qualifiziert. Die unterschiedliche Klarheit der Aussagen kommt dadurch zustande, daß sich Wahrnehmungsinhalte mit Erinnerungsspuren und Motiven des Unbewußten vermischen, die sich gegen eine bewußte Absicht durchsetzen. Das Ineinander von Regellosigkeit und Informationsdichte ist durch die Einheit eines Bewußtseins strukturiert, das unter dem Zwang, eine Reihe von Enttäuschungen psychisch zu verarbeiten, die es am liebsten nicht wahrhaben möchte, nur über ein vermindertes Potential verfügt. Vermindert ist das Potential dieses Bewußtseins, weil es allzugroße Energiebeträge darauf verwenden muß, nicht an das zu denken, woran es denken möchte, und stattdessen an das zu denken, woran es denken soll [vgl. 24]. Immer wieder verliert Gustl seinen bevorstehenden Selbstmord aus dem Sinn, und immer wieder entgleiten seine Reflexionen zu trivialen Alltäglichkeiten oder werden von sexuellen Vorstellungen überflutet.«

Klaus Laermann: ›Leutnant Gustl‹. In: Rolf-Peter Janz / K. L.: Arthur Schnitzler. Zur Diagnose des Wiener Bürgertums im Fin de siècle. Stuttgart: Metzler, 1977. S. 116–118. – Mit Genehmigung der J. B. Metzlerschen Verlagsbuchhandlung und Carl Ernst Poeschel Verlag GmbH, Stuttgart.

Für ALFRED DOPPLER geht es in Schnitzlers Erzählung nicht um eine individualpsychologische Studie, sondern um die Demaskierung eines sozialen Typus:

»Schnitzler geht in seiner Absicht, zu demaskieren, bisweilen so weit, daß er die Ironie der verdeckten Widersprüche zum plumpen Widerspruch vergröbert, wenn es zum Beispiel heißt: Auch wenn den Bäckermeister ›heut nacht der Schlag trifft, so weiß ich's … ich weiß es … und ich bin nicht der Mensch, der weiter den Rock trägt und den Säbel, wenn ein solcher Schimpf auf ihm sitzt! …‹ [21]. Voll Abscheu denkt Gustl an seinen ehemaligen Kameraden Ringeimer, den ein Fleischselcher geohrfeigt hat und der den Dienst quittieren mußte. ›Meiner Seel', ich gäb' ihm nicht die Hand, wenn er wieder nach Wien käm' …‹ [21] Als er aber erfährt, daß der Bäckermeister tot ist, frohlockt er: ›Tot ist er – tot ist er! Keiner weiß was, und nichts ist g'scheh'n! – Und das Mordsglück, daß ich in das Kaffeehaus gegangen bin … sonst hätt' ich mich ja ganz umsonst erschossen – es ist doch wie eine Fügung des Schicksals …‹ [42]. Widersprüche dieser Art durchziehen die gesamte Erzählung. Gustl will sich mit dem Doktor schlagen, weil dieser gesagt hat: ›Herr Leutnant, Sie werden mir doch zugeben, daß nicht alle Ihre Kameraden zum Militär gegangen sind, ausschließlich um das Vaterland zu verteidigen!‹ [13] Aber er bestätigt sogleich diesen Ausspruch, indem er anfügt: ›Er hätt' nur noch sagen müssen, daß sie mich aus dem Gymnasium hinausg'schmissen haben, und daß ich deswegen in die Kadettenschul' gesteckt worden bin … Die Leut' können eben unserein' nicht versteh'n, sie sind zu dumm dazu …‹ [14] Die Wendung ›Die Leut' sind zu dumm dazu‹ wird kurze Zeit später ironisch aufgehoben durch die vorübergehende Selbsterkenntnis Gustls: ›… und du bist ja viel zu dumm, um was anderes anzufangen –‹ [30] In ähnliche Widersprüche verstrickt sich Gustl, wenn er seine Stellung den Zivilisten gegenüber bedenkt: ›… ganz wehrlos sind

wir gegen die Zivilisten ...‹ [20] – ›So ein Kerl kann sich
auf offener Straße prügeln lassen, und es hat keine Folgen,
und unsereiner wird unter vier Augen insultiert und ist ein
toter Mann ...‹ [33] Gleichzeitig aber freut er sich, daß er
den Doktor nicht hat durchschlüpfen lassen, er will ihn bis
zur Kampfunfähigkeit zusammenschlagen. Neben der Leit-
motivtechnik ist somit das ständige Dementieren von Aus-
sprüchen und Behauptungen und das Nebeneinanderstellen
offener Widersprüche ein weiteres Darstellungsprinzip, ein
Prinzip, das Bahrs Forderung entspricht, ›dialektisch‹ zu erzählen.

Wie sehr Gustl von außen gelenkt und von einem Verhal-
tensklischee gesteuert wird, zeigt sich auch darin, daß er nur
augenblicksweise sein Leben und seinen Tod bedenkt, sich
aber lange darüber ausläßt, wie andere dieses Leben und
diesen Tod beurteilen werden. Er will wissen, wer sich am
meisten kränken würde. Er überlegt, wie viele Kompanien
ausrücken beim Leichenbegängnis eines Leutnants. Er fragt
nicht nach dem Sinn seines Lebens, sondern danach, was
sein Leben und sein Tod für einen Eindruck hinterlassen
werden. Aus dieser Haltung ergibt sich eine dritte Eigen-
tümlichkeit von Gustls ›innerem Monolog‹: Der Leutnant
zitiert immerwährend die Meinung derer, die ihm die Normen seines Handelns liefern; er ist ständig bestrebt, sein
Verhalten durch Aussprüche anderer bestätigen und sank-
tionieren zu lassen. Zitat und Selbstzitat ergänzen einander:
›[...] der Oberst sagt auch, es war absolut korrekt‹
[13]. – ›Und der Mirovic hat mir g'sagt, es ist ihm ebenso
gegangen‹ [14]. – ›Wenn ich den Oberst fragen möcht',
oder den Kopetzky – oder den Blany – oder den Fried-
mair: – jeder möcht' sagen: Es bleibt dir nichts anderes üb-
rig! [19] – ›Was der Bäckermeister sagen wird, wenn er's
erfahrt? ... der verfluchte Hund!‹ [33]

Die Todessituation, die sonst eine Stunde der Erkenntnis
sein könnte, führt den Leutnant nicht über seinen alltäg-
lichen Horizont hinaus, er gelangt höchstens an dessen

Szenenfoto von der Inszenierung der dramatisierten Fassung von
Leutnant Gustl am Oldenburgischen Staatstheater 1995
(Roman Kohnle als Gustl; Inszenierung: Andreas Fliedner;
Dramaturgie: John von Düffel)

(Foto: © Claudia Hoppens, Bremen)

Rand. Er denkt an das Kind, das er einmal war; denkt an
seine Mutter, korrigiert sich aber sofort: ›Nein, nein, daran
darf ich nicht denken. – Ah nein, daran darf absolut nicht
gedacht werden ...‹ [24] Als ihn das Gefühl der Einsamkeit
erfaßt, dient ihm als Mittel dagegen der Ausspruch eines Vorgesetzten: ›Ist doch traurig, so gar niemanden zu haben [...]
Daß mich manchmal selber vor mir graust [...] na, mir
scheint, ich hab's auch selber gar nicht recht gewußt. – Ah
was, kommst du jetzt mit solchen Sachen, Gustl? [...] Ob
man zu einem Rendezvous oder auf Posten oder in die
Schlacht ... wer hat das nur gesagt? ... ah ja, der Major Lederer, in der Kantin' [...] ob man zu einem Rendezvous geht
oder in den sichern Tod, am Gang und am G'sicht laßt sich
das der richtige Offizier nicht anerkennen! – Also Gustl –
der Major Lederer hat's g'sagt! ha!‹ [32 f.]. In Hofmannsthals
Einakter *Der Tor und der Tod* vermag der Tod den Toren im
letzten Augenblick zu wandeln. Der Verschlossene wird –
wenn auch zu spät – offen für das Leben; der ›dumme Bub‹
bleibt dem Tod gegenüber unverwandelt. Er meint von sich:
›Ha! mir scheint, das Sterben macht blöd!‹ [36]
Die Langeweile, die schon der erste Satz des Monologs an-
zeigt (›Wie lange wird denn das noch dauern?‹), wird durch
Sexualität (durch das ›Herumstreifen mit Menschen‹) und
durch Aggressivität kompensiert. Gustl hat noch nie jemanden »durchschlüpfen« lassen. Die mehr oder weniger ziel-
lose Aggressivität wird genährt von der Sehnsucht nach le-
gitimer Aggression; Erfüllung des Lebens könnte nur ein
Krieg gewähren: ›Etwas hätt' ich gern noch mitgemacht: einen Krieg – aber da hätt' ich lang' warten können ... Und
alles übrige kenn' ich ... Ob so ein Mensch Steffi oder Ku-
nigunde heißt, bleibt sich gleich. – Und die schönsten
Operetten kenn' ich auch – und im Lohengrin bin ich
zwölfmal drin gewesen – und heut' abend war ich sogar
bei einem Oratorium – und ein Bäckermeister hat mich einen dummen Buben geheißen – meiner Seel', es ist grad'
genug! – Und ich bin gar nimmer neugierig ...‹ [30]

Obwohl Gustl ausnahmsweise ›niemandem einen Pflanz vorzumachen‹ [25] braucht, weil er auf seinem nächtlichen Spaziergang ja mit sich allein ist, kommt er dennoch seinem Leben nicht auf den Grund. Partielle Erfahrungen seiner Einsamkeit, seiner Dummheit und Bequemlichkeit, seiner verdrängten Ängste können aus dem Kreislauf seiner Eindrücke und Empfindungen nicht herausgelöst werden, der ›wirr verschlungene Prozeß der Gefühle‹ wirft die Tatsachen ›am Ende in simplen Schlüssen über die Schwelle des Bewußtseins‹ [Hermann Bahr, 1968, S. 57], in Schlüssen, die nur zu Vorurteilen, nicht aber zur Beurteilung der Lage taugen.

Die Erlebensweise des um sich selbst kreisenden Leutnants bedingt die Kreisform der gesamten Erzählung. Das Ende deutet auf die Anfangsstimmung zurück; der Vorsatz, den Doktor kampfunfähig zu schlagen, wird am Schluß mit der bildhaften Wendung ›Dich hau' ich zu Krenfleisch‹ [42] illustriert. Der Leutnant macht also keinerlei Entwicklung oder Veränderung durch. Manfred Jäger [1965] hat hervorgehoben, daß es sich bei Gustl um keine individualpsychologische Studie handelt, sondern um ›Sozialpathologie‹, um einen Typus in einer bestimmten experimentellen Situation; wie Schnitzler ja auch sonst bemüht ist, typische Verhaltensweisen und Lebensformen zu analysieren. Der Typus entzieht sich der individuellen Fixierung, da er künstlerische Ausdrucksform und Zeichen einer geistigen (hier einer ›ungeistigen‹) Verfassung ist, die sich in der Wirklichkeit auswirkt, in Wirklichkeit aber nicht in dieser anschaulichen Form existiert. Als Typus ist Gustl das Modell für ein Leben, das ausschließlich von Vorurteilen bewegt wird. Daher stellt Schnitzler nicht allein das Bewußtsein eines Leutnants dar, sondern zeigt außerdem, wie jemand unbewußt Exponent und Opfer einer Konvention sein kann.

Leutnant Gustl ist genau eingepaßt in die Lebensform der fröhlichen Apokalypse Wiens; die Örtlichkeit der Stadt und die Atmosphäre des gesellschaftlichen Lebens fügen sich zwanglos in den Monolog ein. Er spricht in der legeren Art und im saloppen Tonfall der Offiziere der k. u. k. Armee; leichte Wortverschleifungen, das Weglassen der Endsilben, das Aufnehmen von Wendungen und Wörtern der Umgangssprache, wie stad und rabiat, Beisl und Zündhölzln, raunzen, Fallot, Nachtkastlladl, Krempl, Zeugl und ähnliches kleiden den Monolog in eine ›Standessprache‹, die typisch ist für die Mentalität des Sprechenden. Gustl verfügt nur über einen winzigen Vorrat von Satzbauplänen, er kommt mit wenigen kurzen Sätzen aus, ist gewissermaßen von ihnen umstellt, seine Sprech- und Denkgewohnheiten zeigen, daß ihm die Auswege versperrt sind. Unwillkürlich nimmt er diese Situation sogar wahr und macht sich Gedanken über einzelne Wörter; so regt ihn die Wortverbindung ›Mordsglück‹ und ›Mordsrausch‹ zur Bildung von ›Selbstmordsrausch‹ [23] an, am Ende aber freut er sich wieder über das ›Mordsglück‹ [42], das der Tod des Bäckermeisters für ihn bedeutet. Es sind fruchtlose Reflexionsansätze, die der Zufall auslöst, daher empfindet Gustl die vorübergehende Neigung, über die Sprachkonvention hinauszudenken, auch bloß als ›Witz‹ oder als plötzliche Geistesverwirrung (›Mir scheint, ich hab' den Sonnenstich‹). Fragen, Ausrufe, Verhaltensweisen bleiben durch Sprachklischees gedeckt: Das Wichtigste ist kaltes Blut. – Man muß gelegentlich ein Exempel statuieren. – Das nimmt noch einmal ein Ende mit Schrecken. – Was du heute kannst besorgen, das verschiebe nicht auf morgen. – Ganz recht hab' ich g'habt, ich hab' mich famos benommen. – Ehre verloren, alles verloren.

So viel ist deutlich geworden: Der ›innere Monolog‹ dient in *Leutnant Gustl* nicht der Aufzeichnung des Bewußtseinsstroms; denn die Novelle ist die ausgewogene und genau kalkulierte Formung eines Exempels, an dem sich zeigen läßt, wie unmittelbare individuelle Äußerungen bar jeder Individualität sein können. Gemeinplätze und Vorurteile werden durch das sprachliche Arrangement zu einer poten-

zierten Banalität, die ästhetisch genießbar wird, weil sie
zeigt, wie vielsagend das scheinbar Nichtssagende ist. Die
deterministische, dialektische und dekompositive Erzählweise entspricht einem psychologisch verfeinerten Naturalismus, wie Hermann Bahr ihn gefordert hat, sie greift aber
darüber hinaus, indem die satirische Anordnung von Asso-
ziationsmustern dem Leser eine Distanzierung von der Er-
zählungsfigur nahelegt. Die Darstellung einer typischen
Verhaltensweise wird so zu unmittelbarer Sozialkritik, in
der die dumme Ahnungslosigkeit Gustls korrespondiert
mit einem allgemeinen Zustand, wie Schnitzler ihn nicht
nur in der Dichtung dargestellt, sondern auch in der Form
des Aphorismus beschrieben hat: ›Die Lebenslüge mancher
Staates wie mancher Individuums: daß sie den Bankrott
noch erwarten, ja sogar sein Ausbleiben noch für möglich
halten zu einer Zeit, da sie schon mitten darinnen stehen.‹
[A. Schnitzler, *Aphorismen und Betrachtungen*, hrsg. von
Robert O. Weiss, Frankfurt a. M. 1967, S. 93]«

Alfred Doppler: Innerer Monolog und soziale
Wirklichkeit. Arthur Schnitzlers Novelle *Leut-
nant Gustl*. In: A. D.: Wirklichkeit im Spiegel der
Sprache. Aufsätze zur Literatur des 20. Jahrhun-
derts in Österreich. Wien: Europaverlag, 1975.
S. 58–63.

HANS ULRICH LINDKEN sieht die kritisch-ironische Inten-
tion Schnitzlers schon im Namen der Titelfigur – Gustl als
Verwandter des »törichten August« – angelegt, die sich wie
eine »Marionette in the waves of subconsciousness« im
Kreise dreht:

»Im *Leutnant Gustl* gibt es – wie bereits in Poes ›The Tell-
Tale Heart‹ – keine Konfigurationen von Personen mehr,
die Sozialwelt ergibt sich allein aus den egozentrisch-reflek-
tierenden Impressionen der einen Figur. (Der Begriff ›Gestalt‹ trifft für den Leutnant nicht zu, er ist reduziert zu ei-

ner determinierten, durch Konventionszwang von außen gelenkten Figur, die zugleich den ironisch in ihr spielenden Dichter nicht verbergen kann.) Immerhin verlaufen die Apperzeptionsfunktionen der Titelfigur noch in empirisch-sukzessiven Abfolge-Schüben, so daß die Konturen der Realwelt vernehmbar bleiben. Politzer könnte dennoch nur unter Vorbehalten behaupten, daß diese Novelle in der Tradition der ›realistischen Experimentalepik‹ stehe [im vorliegenden Band S. 80], da die subrealen Fliehkräfte der Erzählweise das Bild der Realwelt zu verzerren scheinen. Man vernimmt zwar noch ein chronologisches und lokales Vorwärtserzählen, jedoch die nervös-hektischen Aggressivreaktionen Gustls, die schwindelerregenden Abfolgen von abrupten Übergängen und Tempiverlagerungen, die kaleidoskopisch-karussellhaften Mischungen von sich ständig selber dementierenden Expressionen, Impressionen und Erinnerungen der Innen- und Außenwelt suggerieren eine wie von selbst in Bewegung geratene Motorik, die die noch real erscheinende Welt aufzureißen droht, in der Gustl sich wie eine Marionette in the waves of subconsciousness dreht. [...]

Bemerkenswert dabei ist allerdings, daß alle wichtigen Komplexe bereits vor der Katastrophe auftauchen, und zwar in gleicher Weise wie nachher. Die spiralig-strudelnde Lebensbewegung, die sich im Psychisch-Physischen ebenso wie in der Redeweise der Titelfigur dartut, spiegelt den neurotischen Sozialkomplex einer Epoche, indem sich darin Fluchtbewegung und Aggressionsdrang gleichzeitig bemerkbar machen. Die Fluchtbewegung Gustls resultiert aus dem horror vacui, dem Lebensennui, und ist gerichtet auf simple ›Lebenserfüllung‹, für Gustl heißt das: Zerstreuung. Da jede Zerstreuung und jegliches Amusement unversehens wieder zur Langeweile entartet, ist er ständig auf der Flucht in neue Zerstreuungen.) Bei solch hektischer Lebensbewegung eilt er der physikalischen Zeit fast immer um einiges voraus. Diese Tendenz umreißt exakt den Lebensmechanismus des absoluten Durchschnittsmenschen, des Menschen ohne Eigenschaften, der an sich herzlich unbedeutend und uninteressant ist. Die bewußtseins- und sozialkritische Ironie Schnitzlers liegt darin, seinen Gustl in die österreichische Offiziersuniform gesteckt und auf diese Weise in einer der Epoche typischen Figur genau die Malaise seiner von Lebensgier und Lebensüberdruß geschüttelten Zeit getroffen zu haben. Bereits zu Beginn der Novelle, als Gustl sich gleichsam gegen seinen Wunsch in einem Oratorienkonzert findet und sich schrecklich langweilt, weil er eigentlich Zerstreuung gesucht hatte: ›Wenn ich denke, daß ich hergekommen bin, um mich zu zerstreuen …‹ [9], wird das Zeitmotiv in diesem Sinne deutlich: ›Wie lange wird denn das noch dauern? Ich muß auf die Uhr schauen … *Erst* viertel auf zehn? … Mir kommt vor, ich sitz' *schon drei Stunden* in dem Konzert.‹ [9] Die darauf folgende Selbstmahnung zur Geduld: ›Also Geduld, Geduld! Auch Oratorien nehmen ein End'!‹ [9], die kurz danach vom Bäckermeister Habetswallner in der Garderobe wörtlich wiederholt wird, intensiviert diesen Eindruck; zugleich rückt die Novelle schon hier in einen leichten Anhauch des grotesk-Komischen, denn gerade Geduld mangelt dem Leutnant am stärksten, er ist geradezu durch seine Ungeduld charakterisiert, die bei ihm identisch ist mit Unduldsamkeit. Und genau diese Verhaltensweisen bringen den gleichsam aus Versehen in ein Oratorium verirrten Leutnant in die katastrophale Situation. [...]

Der Autor taucht zwar völlig im stream of consciousness seiner Figur unter, sichtbar wird er freilich in dem Augenblick, in dem er hervortaucht, um seiner Figur das Namensschild umzuhängen, ihn als *Leutnant Gustl* etikettiert. Da Schnitzler sowohl wie auch Hofmannsthal metaphorisch typisierende Namensgebung liebten, darf man vermuten, daß auch hinter Gustls Namen, wenn man ihn seiner dialektgebundenen Liebenswürdigkeit entkleidet, der ›törichte August‹ hervorlugt. Etwas vom Genre des ›Wurstel‹, des

›dummen August‹, scheint in dem Moment der Titelgebung, die Figur und darüber hinaus den Offiziersstand der Jahrhundertwende charakterisierend, aufzublitzen. Und so, wie bei den Schnitzlerschen Beschwörungen des ›Großen Wurstel‹ (Wurstl – Gustl) die Assoziationen zum Marionettenhaften anklingen, so auch in der Konzeption seines Leutnants, der teilweise von innen heraus von seinem eine Rolle spielenden Autor gespielt wird, teilweise den der Figur von außen anonym aus den Konventionalitäten ihres Standes in sie hineinwirkenden Mächten überlassen wird.*

Die kritisch-ironischen Intentionen des Dichters bezüglich seiner Erzählung, die einzig und allein um die Jahrhundertwende von der Mehrzahl seiner Leser recht verstanden worden sind, zeigen sich auch deutlich darin, daß er seinen Leutnant sich aufgrund einer schieren Nichtigkeit zum Tode verurteilen läßt und ihn für acht Stunden unter dieser skurril wirkenden Todesdrohung, ja, Todesgewißheit, sich sinnlos im Kreise drehen läßt. Der Gustl im Angesicht des Todes verhält sich im wesentlichen nicht anders als der Gustl im Oratorienkonzert. Es sind dieselben Lebensbereiche und Komplexe, welche in der Abfolge der Leitmotivik sich wiederholend und variierend in seiner Erinnerung aufblitzen oder in die Zukunft projiziert erscheinen, die bereits das abirrende Assoziationskarussell Gustls während des Konzerts in Bewegung hielten: der Eros, das Hasardspiel, seine Familie, seine Standesehre und seine Offizierskarriere, die Ehrenhändel, der Antisemitismus des Offizierskorps.

---

* Die merkwürdig traumähnliche Atmosphäre, die über der Erzählung liegt, steht im Zusammenhang mit dem Unpersönlichen der Titelfigur, dem Marionettenhaften. Es sei hier nachdrücklich betont, daß der Verfasser dieser Darlegung durchaus der Meinung ist, daß der Vorgang der Geschichte real-empirisch verläuft und nicht etwa im Traum der Titelfigur sei. Die Realität selbst gewinnt eine traumähnliche Sphäre. Das Marionettenhafte der Figur wird auch durch ihren Namen betont, der eigentlich kein Name im Sinne einer Individualbenennung ist, sondern eher ein Etikett, das eine Bühnencharge kennzeichnet; der Familienname fehlt bezeichnenderweise. Der ›Gustl‹ in Leutnantsuniform ist von vornherein sarkastisch gemeint.

Nicht im geringsten ändern sich seine aus ständischen Vorurteilen zusammengeleimten Bewertungsprinzipien und seine assoziative Reizerfahrung und Registrierweise, so wenig wie seine arrogant standesgebundene Aggressivität des Denkens, sein Bezug zum Lebensennui und sein merkwürdig traumähnliches Verhalten, das ihm trotz aller Emotionalität einen auffällig neutral-abstandhaltenden, unaffektiven Zug verleiht. Auch seine subjektive Zeitgewahrung, die im ironischen Kontrast zur immer wieder in den Monolog hineinspielenden Realzeit steht, ändert sich im Grunde unter der Todesdrohung nicht. Gustl bringt es fertig, im Angesicht des Todes – und die Verurteilung zum Selbstmord ist völlig ernstzunehmen, das zeigt die Parallelgestalt des Leutnant Kasda – zu sagen: ›Was ist denn nur passiert? ... Es ist grad', als wenn hundert Jahr seitdem vergangen wären, und es kann noch keine zwei Stunden sein.‹ [28] Diese Zeitkomprimierung in Gustls Erlebniswelt ist nicht ohne weiteres mit der Todesangst zu motivieren, denn Gustl vergißt ja geradezu unentwegt sein eigenes Todesurteil und muß sich immer wieder krampfhaft daran erinnern, in welch prekären Umständen er sich befindet. Die unmittelbare, fast zeitgleiche, im Präsens artikulierte Reaktion dementiert bereits die Erinnerung an den Tod: ›Ich *bin* doch *sonst* ein höflicher Mensch ... nicht einmal mit meinem Burschen *bin* ich *sonst* so grob ... aber natürlich nervös bin ich gewesen – alle die Sachen, die da zusammengekommen sind ... das Pech im Spiel und die ewige Absagerei von der Steffi – und das Duell *morgen* nachmittag – ‹ [29]. Todesangst pflegt nicht derart punktuell zu sein! Gustls »Außengesteuertsein« und seine paradoxe Schuldableitung nach außen zeigen sich an dieser Stelle besonders deutlich.«

Interpretationen zu Arthur Schnitzler. Drei Erzählungen. Von Hans Ulrich Lindken. München: Oldenbourg, 1970. S. 80, 82 f., 87 f. – Mit Genehmigung des R. Oldenbourg Verlags GmbH, München.

GERO VON WILPERT analysiert die beiden Dimensionen des Ehrbegriffs, aus deren Widerspruch die Novelle ihre Spannung bezieht: der zur hohlen Phrase erstarrte Ehrbegriff der gesellschaftlichen/militärischen Konvention und ein idealer Ehrbegriff, dessen Existenz Schnitzler nicht leugnet, wohl aber seine Relevanz für die zeitgenössische Gesellschaft. Dieser Ansatz führt Wilpert auch zur Kritik an einigen gängigen Interpretationsmustern:

»Rezeptionsgeschichtlich gesehen, stellt sich [...] die Frage, ob Schnitzlers Novelle noch soweit aktuell ist, daß wir sie, wie viele Interpreten es tun, mit unserer modernen Werteskala messen können, oder ob sie schon soweit historisch zeitgebunden ist, daß ihr volles Verständnis erfordert, sich in die Werteskala der höheren Gesellschaft um die Jahrhundertwende zurückzuversetzen. Im letzteren Fall bliebe den Interpreten der Vorwurf nicht erspart, daß sie den Charakter des inneren Monologs zeitlos verabsolutiert haben und sein Präsens für ihre Gegenwart, sein Ich und seine Meinungen für ihr Ich und ihre Meinungen genommen haben.

Tatsache jedenfalls ist, daß der Tod des Bäckers als Zufall in keinem nachweislichen Zusammenhang mit dem Konflikt steht. Tatsache ist ferner, daß Gustls Ehre weder in der Zwischenzeit noch durch den Tod des Bäckers wiederhergestellt worden ist.

Ist denn ein Ehebruch nicht verübt worden, wenn den Ehebrecher tags darauf der Schlag trifft, hat ein Einbruch nicht stattgefunden, wenn der Einbrecher auf der Flucht einem Verkehrsunfall zum Opfer fällt, ist ein Mord nicht geschehen, wenn den Mörder ein Blitz erschlägt? Einmal angenommen, Gustl hätte sich nicht umgebracht und der Bäcker wäre erst zwei Wochen später verstorben, hätte Gustl dann zwei Wochen lang ehrlos gelebt und wäre dann rehabilitiert worden?

Die Beispielreihe praktischer Lebensweisheit erübrigt sich.

Denn Gustl, im Moral- und Ehrenkodex seiner Zeit genauer bewandert als seine heutigen Leser, hat ja selbst schon einen lichten Moment lang die richtige Einsicht gehabt, daß auch der Tod des Bäckers an seiner Entehrung nichts ändern würde. [21]

Dies ist kein Plädoyer für eine enthumanisierte Literaturwissenschaft. Wir wollen nicht blutrünstig auf dem Selbstmord Gustls bestehen, sondern ihm sein Weiterleben gönnen. Nur: Seine Ehre hat er nach dem Gesetz, nach dem er angetreten, verloren, und sie ist auch durch das zufällige Ableben des Kontrahenten nicht wieder hergestellt worden. Wenn wir uns auch nur historisch in den Komment und die Ehrpusseligkeit der Jahrhundertwende zurückversetzen können: Gustl war sich dessen bewußt, oder es wird ihm bestenfalls später einmal wieder oder, wahrscheinlicher noch, aus guten Gründen nie bewußt werden, daß der Tod des Bäckers an seiner verletzten Ehre nicht das geringste ändert.

Für Gustl gibt es eine Entschuldigung, die keine Rechtfertigung ist: sein Überlebenswille, den man ihm so oft abgesprochen hat, ist stärker als die Vorschrift der Konvention. Und das ist an sich nichts Schlechtes, wenn er die Kraft hätte, sich wenigstens insgeheim darüber im klaren zu sein, daß er um des Überlebens willen die Konvention geopfert hat, daß er sich gegen die Konvention gewandt und andere Werte ihr vorgezogen hat, daß er seinen einzigen moralischen Rückhalt, den Ehrenkodex, geopfert hat zugunsten eines Lebens, dem allein dieser Ehrenkodex noch Glanz und Sinn verleihen konnte. Das geschieht jedoch nicht.

Leutnant Gustl nimmt nicht wie Lessings Major von Tellheim seine Existenz solange aus der Öffentlichkeit zurück, bis seiner Ehre volle Genugtuung geschehen ist. Welten trennen den sensitiven adligen baltischen Major, dessen Vornamen wir nicht kennen, von dem kleinbürgerlichen österreichischen Leutnant, den wir nur beim Vornamen kennen. Der eine beantwortet den Zweifel an seiner Ehre mit der

Zurücknahme seines sozialen Ichs, der andere mit einer Duellforderung. Der eine macht aus seiner Ehrenkränkung
keinen Hehl, der andere verdrängt und vertuscht sie. Die
Unterschiede werden noch deutlicher, wenn der eine ohne
Ehre nicht das Leben einer liebenden und geliebten Frau an
sich zu binden wagt, während der andere, auch ohne Ehre,
das Leben eines Außenstehenden zu vernichten ansetzt.
Aus der Ehre, die den Kern des Menschen bestimmte, ist
ein bloßer veräußerlichter Popanz geworden, der den inneren Menschen so wenig berührt, daß er gut ohne ihn aus-
kommt, solange es nur keiner weiß.
So also, in Schnitzlers Novelle, gilt Gustl nur deshalb noch
als Ehrenmann, weil die Beleidigung seiner Ehre keine Zeugen hatte, weil es keiner weiß und weil seine späteren Interpreten es ihm bei gewandelter Ehrauffassung nachsehen
wollen. ›Wenn's einer sieht, so paßt er gerade so wenig auf,
wie ich.‹ [9] So begann die Novelle.
Wozu hat sie geführt? Ist Gustl durch die Konfrontation
mit dem Tod zu tieferer Einsicht gelangt wie Hofmansthals
Tor, hat er sich in der Todesbegegnung gewandelt und ge-
läutert, hat er seinen Erfahrungshorizont erweitert, ist er
ein besserer Mensch geworden? Viele Interpreten machen
ihm die fehlende Wandlung zum moralischen Vorwurf und
sehen darin überhaupt die Aussage der Novelle, wobei wiederum kaum berücksichtigt wird, daß Gustl ja nicht das er-
stemal dem Tode gegenübersteht.
Und wenn man zwischen Duelltod und Selbstmord diffe-
renzieren will, ist ihm dann wenigstens die Fragwürdigkeit
und Scheinhaftigkeit seiner Ehren-Ideologie zu Bewußtsein
gekommen, hat er die Konventionen, die er hintergeht, auch
hinterfragt?
Der Ablauf des inneren Monologs macht eines erschrek-
kend deutlich, nämlich nicht nur den inneren Leerlauf
dieser Existenz, sondern auch die Unfähigkeit, aus ihr aus-
zubrechen und aus dem Einerlei von Spielschulden, Ehren-
händeln und Frauenaffären zum eigentlichen Leben durch-

zustoßen.〉 Viele Interpreten bemühen zur Verdeutlichung dieser Situation die Struktur des *Reigens*: Gustl bewege sich, zur Entscheidung aufgerufen, aber unfähig zur Antwort, nur im Kreise, er umgehe bewußt oder unbewußt die ehrliche Auseinandersetzung und sei am Ende derselbe wie am Anfang.〈

Auch diese weitverbreitete Auffassung ist mit dem vorliegenden Text nicht vereinbar und daher zumindest nur bedingt richtig, wenn nicht effektiv falsch.

In dem Wechsel von Rückblicken in die Vergangenheit und von Hoffnungen auf die Zukunft taucht ein Motiv immer wieder auf, das mit beiden Zeitebenen und darüberhinaus auch mit dem Begriff der Ehre aufs engste verbunden ist, nämlich das bevorstehende Duell mit dem Doktor.

Zu Beginn der Novelle will Gustl ihm nur eine Lektion erteilen, ohne größere Ansprüche an seine Körperlichkeit zu stellen: ›Warten S' nur, Herr Doktor, Ihnen wird's vergeh'n, solche Bemerkungen zu machen! Das Nasenspitzel hau' ich Ihnen herunter.« [10]

Solche Zielsicherheit hält freilich nicht lange vor. Noch während des Oratoriums steigen bei abnehmendem Zorn mit den Frustrationen auch die Ansprüche an den Duellausgang: ›Wart' nur, mein Lieber – bis zur Kampfunfähigkeit … jawohl, du sollst so kampfunfähig werden …‹ [14] Löbliche Vorsätze, die Bezweifler militärischer Ehre mehr als nur mundtot zu machen!

Nach der Konfrontation mit dem Bäcker ist Gustl sich bewußt, satisfaktionsunfähig zu sein [19], und befürchtet, die Sekundanten könnten ihm ihr Mandat zurückgeben [21]. Nach dem Tod des Bäckermeisters und einer Nacht der verpaßten Gelegenheiten zu erbaulicher Selbsterforschung aber liest man's anders: ›Wart', mein Lieber! Ich bin grad' gut aufgelegt … Dich hau ich zu Krenfleisch!‹ [42]

Ich bin nicht der Meinung, daß dies ein Kreislauf ist, der in die Anfangsphase mündet. Die Bedrohung des eigenen Lebens und die Einsicht in die Richtigkeit der Aussage des

Doktors haben Gustl nicht zu abgeklärter Toleranz und Einsicht in menschliche Schwächen geführt. Vielmehr führt der heimliche geistige Offenbarungseid in dem Augenblick, wo die Fassade wieder intakt ist, zu erhöhtem Aggressionsstau und gesteigerter Brutalität der Kampfeslust.

Doch jetzt geht es nicht mehr um einen Ehrenhandel zwischen zwei satisfaktionsfähigen Kontrahenten. Der Doktor, der laut Gustl die Ehre der Armee verletzt hat, wird am kommenden Nachmittag, ohne es zu wissen, einem nicht satisfaktionsfähigen Gegner gegenüberstehen. Es kann gar nicht davon die Rede sein, wie Politzer meint, daß Gustl sich zu dem Duell mit dem Doktor ›jetzt wieder stellen darf‹ [im vorliegenden Band S. 86]. Gustl ist und bleibt nach militärischem Komment entehrt und damit nicht satisfaktionsfähig, und an dieser Sachlage ändert sich dadurch nicht das geringste, daß niemand etwas davon weiß. Der für Gustl günstige Duellausgang steht, wenigstens in Gustls Bewußtsein, unbezweifelbar fest, und durch die prononcierte Endstellung des ›Krenfleisch‹-Vorsatzes soll auch dem Leser jeder Zweifel am Ausgang genommen werden.

Was Gustl als Ehrenhandel eigentlich nur aufgegriffen hatte, um bei seinen Vorgesetzten Ehre einzulegen und Pluspunkte zu sammeln – denn seine persönliche Ehre war ja gar nicht angegriffen worden – wird jetzt, da der ehrlose Gustl seine Verzweiflung, seine Frustration und seine Aggressionen an einem unschuldigen Opfer abzureagieren ansetzt, zu einer Racheaktion am falschen Objekt, ja zu einem vorsätzlichen und brutalen Mord eines Ehrenmannes durch einen Ehrlosen. Je weniger Anlaß besteht, auf seine eigene Ehre zu pochen, um so radikaler und brutaler werden die Maßnahmen, die nach außen hin der trügerischen Aufrechterhaltung des gar nicht mehr Vorhandenen dienen.

Das ist das wahre Gesicht von Gustls Ehre.

Angesichts der vielen unfundierten und irreführenden Deutungen von Gustls Ehre ist man schließlich versucht, der Motivstudie des Ehrbegriffs noch den philologischen Segen einer Untersuchung des Wortgebrauchs nachzuliefern. Das führt zu erstaunlichen Einsichten, die die stilistische Kunst von Schnitzlers sprachlicher Orchestration bezeugen.

Es wäre ja anzunehmen, daß in einem Text, der so stark die Ehre thematisiert, das Wort ›Ehre‹ und seine Zusammensetzungen einen überdurchschnittlichen Rang einnähmen. In Brentanos etwa gleichlanger *Geschichte vom braven Kasperl und dem schönen Annerl*, in der es ja ähnlich um falsche und wahre Ehre geht, kommen das Wort ›Ehre‹ und Komposita allein siebenundsiebzigmal vor, das heißt mehr als zweimal je Seite. In Schnitzlers Novelle dagegen erscheint es nicht mehr und nicht weniger als elfmal, davon dreimal in Komposita (Ehrenwort, Ehrenrat) und zweimal in sprichwörtlichen Wendungen (Ehre verloren, alles verloren; das Feld der Ehre), selbständig dagegen nur sechsmal, und zwar immer nur in ein und derselben Wendung, die der Ironie des Ganzen die Krone aufsetzt. Die Wendung heißt: »Habe die Ehre!« [15, 17, 36, 40]

Gerade diese bestürzende Feststellung, daß das Wort ›Ehre‹ in Gustls Sprach- und Begriffsschatz gar nicht mehr vorkommt außer in belanglosen, banalen Floskeln, die ebenso ausgehöhlt sind wie der Ehrbegriff, gibt zu bedenken. Wenn man auf die andere Banalität zurückgreift, daß Begriffe wie Kultur und Ehre nur von solchen Leuten ständig im Munde geführt werden, die sie nicht haben, dann ist Gustl schon einen Schritt weiter: er redet nicht einmal mehr davon.

Schnitzlers Kritik am hohlen, oberflächlichen Ehrenkodex seiner Zeit streitet nicht die Existenz eines idealen Ehrbegriffs ab, sondern nur seine Relevanz für die zeitgenössische Gesellschaft, die sich in veräußerlichten Konventionen und Verhaltensregeln Genüge tut, ohne deren Grundbegriffe wie Ehre zu hinterfragen. Sonst wäre selbst Gustl sicher

darauf gekommen, daß im Verhalten des Bäckermeisters
mehr Ehre und Würde lag als in seinem schrillen Schneid.
Wenn nun aber die Exerziergriffe der ›Ehre‹ eingepaukt
werden, ohne daß ihr Wesen befragt und hinterfragt wird,
wenn es nur noch, mit Fontanes Baron von Innstetten zu
reden, das Gesellschafts-Etwas ist, das die Konventionen
aufrechterhält, dann ist das letzte Stadium solcher Veräußer-
lichung der Gesellschaft erreicht. Der Verfall beginnt in dem
Augenblick, wo die Konvention weiterbesteht, der Begriff
Ehre aber pervertiert oder abhandengekommen ist, und das
ist bei Leutnant Gustl der Fall.

Man könnte hier aufhören und wäre glücklich, könnte man
es. Aber die Geschichte hat wie jede gute Geschichte noch
ein Nachspiel. Schnitzler, der selbst als Arzt den Rang eines
Reserveoffiziers der k. u. k. Armee bekleidete, wurde drei
Tage nach der Veröffentlichung des *Leutnant Gustl* in dem
Offizierskreisen nahestehenden, konservativen Blatt *Die
Reichswehr* durch dessen Chefredakteur Gustav Davis hef-
tig persönlich attackiert. Er reagierte darauf nicht, wie von
einem Reserveoffizier zu erwarten war, mit einer Duellforderung, weil er zeitlebens Gegner des Duells und des Duell-
zwangs war. Auch einer dreifachen Vorladung vor einen militärischen Ehrenrat leistete er keine Folge, weil er einem
Militärgericht kein Urteil über seine literarischen Werke zu-
billigte. Daraufhin wurde er am 21. Juni 1901 wegen Verletzung der Standesehre seines ›Offizierscharakters für verlustig erklärt‹.
Der Tragödie ist damit das Satyrspiel gefolgt. Gustl hat zu-
rückgeschlagen und gewonnen. Er behält, vor den Augen
der Welt wenigstens, seine Offiziersehre und wird ihr im
gleichen Sinne wie bisher Ehre machen. Der Doktor, der
zur Ehrlichkeit mahnte, ist zu Krenfleisch verarbeitet, der
Autor, der für Wahrhaftigkeit in Ehrensachen plädierte, seiner Offiziersehre entkleidet. Und man vermag abschließend
nur die Weisheit eines militärischen Ehrenrats zu bewun-

dern, der erkannte, daß ein Ex-Offizier, der mehr ist als bloß Offizier, auch ohne seine Offiziersehre ein angesehener Mann sein kann, und der der Nachwelt den Autor Arthur Schnitzler erhielt und ihr einen Arthur Krenfleisch ersparte.«

Gero von Wilpert: Leutnant Gustl und seine Ehre. In: Die Ehre als literarisches Motiv. E. W. Herd zum 65. Geburtstag. Hrsg. von August Obermayer. Department of German, University of Otago, Dunedin, New Zealand. 1986. (Otago German Studies. 4.) S. 131–136. – Mit Genehmigung von Gero von Wilpert, Werrington (Australien).

VII. Literaturhinweise

Ausgaben

Neue Freie Presse. 25. Dezember 1900. Weihnachtsbeilage. S. 34–41. [Bei einem Teil der Auflage, wegen Fehlens der letzten drei Spalten: S. 34–40.] [Erstdruck.]

Lieutenant Gustl. Novelle. Ill. von Moritz Coschell. Berlin: S. Fischer, 1901. [Erste Buchausgabe. – Ab 1914 unter dem Titel *Leutnant Gustl.*]

Erzählende Schriften. Bd. 1: Novellen. Berlin: S. Fischer, 1922. (Gesammelte Werke in zwei Abteilungen.) S. 261–303.

Leutnant Gustl. Ill. von Moritz Coschell. Berlin: S. Fischer, 1926. (Fischers illustrierte Bücher.)

Die erzählenden Schriften. Bd. 1. Frankfurt a. M.: S. Fischer, 1961. (Gesammelte Werke.) S. 337–366.

Leutnant Gustl. Nachw. und Anm. von Heinz Politzer. Berlin: S. Fischer, 1962. (S. Fischer Schulausgaben. Texte moderner Autoren.)

Das erzählerische Werk. Bd. 2. Frankfurt a. M.: Fischer Taschenbuch Verlag, 1977. (Gesammelte Werke in Einzelausgaben. – Fischer Taschenbuch. 1961.) S. 207–236.

Leutnant Gustl. Fräulein Else. Frankfurt a. M.: S. Fischer, 1981. (Fischer Bibliothek.) S. 7–51.

Der blinde Geronimo und sein Bruder. Erzählungen 1900–1907. Frankfurt a. M.: Fischer Taschenbuch Verlag, 1989. (Das erzählerische Werk. In chronologischer Ordnung. 4. – Fischer Taschenbuch. 9404.) S. 9–42.

Leutnant Gustl. Fräulein Else. Erzählungen. Frankfurt a. M.: Fischer Taschenbuch Verlag, 1992. (Fischer Taschenbuch. 11216. Sonderausgabe 40 Jahre Fischer Taschenbücher.) S. 7–42.

Leutnant Gustl. Fräulein Else. Zwei Erzählungen. Frankfurt a. M.: S. Fischer, 1995. (Fischer Bibliothek.) S. 7–56.

Leutnant Gustl. Erzählungen 1892–1907. Nachw. von Michael Scheffel. Frankfurt a. M.: S. Fischer, 1999. (Ausgewählte Werke in acht Bänden.) S. 335–368.

Im Internet findet sich der Text der Novelle unter der Adresse:

Arthur Schnitzler: Leutnant Gustl. URL: http://fllc.smu.edu/fllc/languages/german/germanlit/Leutnant.html (2.12.1999)

Bearbeitungen für Bühne, Fernsehen und Rundfunk

Leutnant Gustl. Komödie von Ernst Lothar nach Motiven der gleichnamigen Novelle von Arthur Schnitzler. [Unveröff. Bühnenmanuskript.] Frankfurt a. M.: S. Fischer, [1961].
Leutnant Gustl. Drehbuch von Norbert Kunze, nach der Bühnenfassung von Ernst Lothar. Fernsehbearbeitung: Fred Spirek. Regie: John Olden. Norddeutscher Rundfunk, 1963. Mit Ewald Balser, Christiane Hörbiger, Kurt Meisel, Hans Moser, Peter Weck.
Leutnant Gustl. Gelesen von Heinrich Schnitzler. (Amadeo AVRS 1024.) [Schallplatte.]
Leutnant Gustl. Hörspielfassung. Österreichischer Rundfunk Landesstudio Vorarlberg, 1967. Regie: Otto Grünmandl. Sprecher: Wolfgang Weiser, Helmut Wlasek, Brigitte Schmuck, Herwig Seeböck.

Autobiographische Zeugnisse

Briefe 1875–1912. Hrsg. von Therese Nickl und Heinrich Schnitzler. Frankfurt a. M.: S. Fischer, 1981. [Zit. als: Briefe 1875–1912.]
Jugend in Wien. Eine Autobiographie. Hrsg. von Therese Nickl und Heinrich Schnitzler. Nachw. von Friedrich Torberg. Wien/München/Zürich: Molden, 1968. – Tb.-Ausg.: Frankfurt a. M.: Fischer Taschenbuch Verlag, 1981. (Fischer Taschenbuch. 2068.) [Zit. als: Jugend in Wien.]
Rundfrage über das Duell. In: Arthur Schnitzler: Aphorismen und Betrachtungen. Hrsg. von Robert O. Weiss. Frankfurt a. M.: S. Fischer, 1967. (Gesammelte Werke.) S. 321–323.
Tagebuch 1879–1892. [Hrsg. von] Werner Welzig. Wien: Verlag der Österreichischen Akademie der Wissenschaften, 1987.
Tagebuch 1893–1902. [Hrsg. von] Werner Welzig. Wien: Verlag der Österreichischen Akademie der Wissenschaften, 1989. [Zit. als: Tagebuch 1893–1902.]
Tagebuch 1903–1908. [Hrsg. von] Werner Welzig. Wien: Verlag der Österreichischen Akademie der Wissenschaften, 1991.
Der Briefwechsel Arthur Schnitzler – Otto Brahm. Vollständige Ausgabe. Hrsg. von Oskar Seidlin. Tübingen: Niemeyer, 1975.
Georg Brandes und Arthur Schnitzler. Ein Briefwechsel. Hrsg. von Kurt Bergel. Bern: Francke, 1956.

Hugo von Hofmannsthal / Arthur Schnitzler: Briefwechsel. Hrsg. von Therese Nickl und Heinrich Schnitzler. Frankfurt a. M.: S. Fischer, 1964.

Forschungsliteratur

a) Zu *Leutnant Gustl*

Alexander, Theodor W.: Schnitzler and the Inner Monologue. A Study in Technique. In: Journal of the International Arthur Schnitzler Research Association 6 (1967) Nr. 2. S. 4–20.

– / Alexander, Beatrice W.: Schnitzler's *Leutnant Gustl* and Dujardin's *Les Lauriers sont coupés*. In: Modern Austrian Literature. Journal of the International Arthur Schnitzler Research Association 2 (1969) Nr. 2. S. 7–15.

Allerdissen, Rolf: Arthur Schnitzler: Impressionistisches Rollenspiel und skeptischer Moralismus in seinen Erzählungen. Bonn 1985. S. 14–33.

Alter, Maria Pospischil: Ferdinand von Saars *Leutnant Burda* und Arthur Schnitzlers *Leutnant Gustl*. Entwurzelung und Desintegration der Persönlichkeit. In: Eijiro Iwasaki (Hrsg.): Begegnungen mit dem »Fremden«. Grenzen – Traditionen – Vergleiche. Bd. 10: Identitäts- und Differenzerfahrung im Verhältnis von Weltliteratur und Nationalliteratur. München 1991. (Akten des Internationalen Germanistik-Kongresses. 8.) S. 133–139.

Bissinger, Helene: Die »erlebte Rede«, der »erlebte innere Monolog« und der »innere Monolog« in den Werken von Hermann Bahr, Richard Beer-Hofmann und Arthur Schnitzler. Diss. Köln 1953.

Dethlefsen, Dirk: Überlebenswille: Zu Schnitzlers Monolognovelle *Leutnant Gustl* in ihrem literarischen Umkreis. In: Seminar 17 (1981) Nr. 1. S. 50–72.

Diersch, Manfred: Empiriokritizismus und Impressionismus. Über Beziehungen zwischen Philosophie, Ästhetik und Literatur um 1900 in Wien. Berlin 1973. ²1977. S. 246–254.

Donahue, William Collins: The role of the »Oratorium« in Schnitzler's *Leutnant Gustl*: divine and decadent. In: New German Review. A Journal of Germanic Studies (1989/90) Nr. 5/6. S. 29–42.

Doppler, Alfred: Arthur Schnitzler, »Leutnant Gustl«. In: Interpretationen zur österreichischen Literatur. Hrsg.: Institut für Österreichkunde. Wien 1971. S. 53-61

– Innerer Monolog und soziale Wirklichkeit. Arthur Schnitzlers Novelle *Leutnant Gustl*. In: A. D.: Wirklichkeit im Spiegel der Sprache. Aufsätze zur Literatur des 20. Jahrhunderts in Österreich. Wien 1975. S. 53–64. [Erw. Fass. von Doppler, 1971.]

– Leutnant Gustl und Leutnant Willi Kasda. Die Leutnantsgeschichten Arthur Schnitzlers. In: Im Takte des Radetzkymarschs ... Der Beamte und der Offizier in der österreichischen Literatur. Hrsg. von Joseph P. Strelka. Bern [u. a.] 1994. (New Yorker Beiträge zur Österreichischen Literaturgeschichte. 1.) S. 241–254.

– Le sous-lieutenant Gustl et le sous-lieutenant Willi Kasda. (Les histoires de sous-lieutenants d'Arthur Schnitzler.) In: Austriaca. Cahiers Universitaires d'Information sur l'Autriche 19 (1994) Nr. 39. S. 9–19. [Erw. Fassung von Doppler, 1994.]

Duhamel, Roland: Arthur Schnitzlers Modernität – am Beispiel von *Leutnant Gustl*. In: Germanistische Mitteilungen (1984) Nr. 19. S. 18–24.

Ekfelt, Nils: Schnitzler's *Leutnant Gustl*: Interior Monologue or Interior Dialogue? In: Sprachkunst. Beiträge zur Literaturwissenschaft (11) 1980. Nr. 1. S. 19–25.

Fischer, Uve: L'io come sensazione nel *Sottotenente Gustl* di Schnitzler. In: Linguistica e letteratura 4 (1979) H. 1. S. 95–126.

Foster, Ian: Arthur Schnitzler. The Schnitzler Affair. *Leutnant Gustl*, Military Education and Officer Recruitment. In: I. F.: The Image of the Habsburg Army in Austrian Prose Fiction 1888 to 1914. Frankfurt a. M. [u. a.] 1991. S. 232–261.

Freeman, Thomas: Leutnant Gustl: A Case of Male Hysteria? In: Modern Austrian Literature. Journal of the International Arthur Schnitzler Research Association (25) 1992 Nr. 3/4. S. 41–51.

Fritsche, Alfred: Dekadenz im Werk Arthur Schnitzlers. Bern 1974. S. 139–146.

Gebel, Susanne: Die Gesellschaftskritik in Arthur Schnitzlers Novellen *Leutnant Gustl*, *Fräulein Else* und *Spiel im Morgengrauen*. Univ. Hausarb., Univ. Wien, 1980.

Geißler, Rolf: Bürgerliche Literatur am Ende. Epochalisierung am Beispiel von drei Erzählungen Schnitzlers. In: R. G.: Arbeit am literarischen Kanon. Perspektiven der Bürgerlichkeit. Paderborn/Wien [u. a.] 1982. S. 115–137.

Grossberg, Mimi: Arthur Schnitzlers Porträt eines Leutnants. In: M. G.: Die k. u. k. Armee in der österreichischen Satire. Wien 1974. S. 31–36.

Hajek, Edelgard: Literarischer Jugendstil. Vergleichende Studien zur Dichtung und Malerei um 1900. Düsseldorf 1971. S. 70–79.

Herrig, Rudolf: Die erzählenden Schriften Arthur Schnitzlers. Erzählsituation, Problemstruktur und Leseerlebnis. Phil. Diss., Univ. of Pittsburgh, 1973. [S. 128–150.]

Hornig, Dieter: Remarques sur la stratégie narrative d'Arthur Schnitzler (*Sous-lieutenant Gustl* – *Le Retour de Casanova* – *Mademoiselle Else*). In: Arthur Schnitzler. Actes du Colloque du 19 – 21 Octobre 1981. Hrsg. und übers. von Gilbert Ravy. Paris 1983. S. 79–95.

Jäger, Manfred: Schnitzlers *Leutnant Gustl*. In: Wirkendes Wort 15 (1965) Nr. 5. S. 308–316.

Jones, George Fenwick: Honor in German Literature. Chapel Hill 1959. (University of North Carolina Studies in Germanic Languages and Literatures. 25.) S. 187–189.

Jülchen, Aurel von: Lebenslüge oder *Lieutenant Gustl* von Arthur Schnitzler. In: A. v. J.: Das Tabu des Todes und der Sinn des Sterbens. Stuttgart 1984. S. 71–77.

Kaiser, Erich: Arthur Schnitzler, *Leutnant Gustl* und andere Erzählungen. Interpretation. München 1997. (Oldenbourg-Interpretationen. 84.) [S. 39–53, 88–95.]

Keiser, Brenda: Deadly Dishonour. The Duel and the Honor Code in the Work of Arthur Schnitzler. New York [u. a.] 1989.

Knilli, Friedrich: Leutnant Gustl – ein k. u. k. Antisemit aus bundesrepublikanischer Sicht. In: Literatur in den Massenmedien – Demontage von Dichtung? Hrsg. von F. K., Knut Hickethier und Wolf Dieter Lützen. München 1976. S. 139–164.

Knorr, Herbert: Experiment und Spiel. Subjektivitätsstrukturen im Erzählen Arthur Schnitzlers. Frankfurt a. M. [u. a.] 1988. [S. 93–102.]

Kunz, Ulrike: Arthur Schnitzler: *Leutnant Gustl*. In: U. K.: »Der Zeit ihre Kunst, der Kunst ihre Freiheit«. Ästhetizistischer Realismus in der europäischen Décadenceliteratur um 1900. Hamburg 1997. S. 323–428.

Laermann, Klaus: Leutnant Gustl. In: Rolf-Peter Janz / K. L.: Arthur Schnitzler: Zur Diagnose des Wiener Bürgertums im Fin de siècle. Stuttgart 1977. S. 110–130. [Zit. als: Laermann, 1977a.]

Laermann, Klaus: Zur Sozialgeschichte des Duells. In: Janz/Laermann, 1977. S. 131–154. [Zit. als: Laermann, 1977b.]

Lawson, Richard H.: A Reinterpretation of Schnitzler's *Leutnant Gustl.* In: Journal of the International Arthur Schnitzler Research Association 1 (1962) Nr. 2. S. 4–19.

Leiß, Ingo / Stadler, Hermann: Arthur Schnitzler: *Leutnant Gustl.* In: I. L / H. S.: Wege in die Moderne 1890–1918. (Deutsche Literaturgeschichte. Bd. 8.) München 1997. S. 197–203.

Leroy, Robert / Pastor, Eckart: Der Sprung ins Bewußtsein. Zu einigen Erzählungen von Arthur Schnitzler. In: Zeitschrift für deutsche Philologie 95 (1976) Nr. 4. S. 481–495.

Lindken, Hans Ulrich: Leutnant Gustl. In: H. U. L.: Interpretationen zu Arthur Schnitzler. Drei Erzählungen. München 1970. (Interpretationen zum Deutschunterricht.) S. 76–99.

– Vor- und Nachspiele zu Arthur Schnitzlers *Leutnant Gustl.* In: H. U. L. (Hrsg.): Das Magische Dreieck. Polnisch-deutsche Aspekte zur österreichischen und deutschen Literatur des 19. und 20. Jahrhunderts. Frankfurt a. M. [u. a.] 1992. S. 49–75.

Morris, Craig: Der vollständige innere Monolog: eine erzählerlose Erzählung? Eine Untersuchung am Beispiel von »Leutnant Gustl« und »Fräulein Else«. In: Modern Austrian Literature. Journal for the International Arthur Schnitzler Research Association 31 (1998) Nr. 2. S. 30–51.

Neuse, Werner: »Erlebte Rede« und »Innerer Monolog« in den erzählenden Schriften Arthur Schnitzlers. In: Publications of the Modern Language Association of America 49 (1934) Nr. 1. S. 327–355.

Plant, Richard: Notes on Arthur Schnitzler's Literary Technique. In: The Germanic Review 25 (1950) Febr. S. 13–25.

Politzer, Heinz: Nachwort. In: Arthur Schnitzler: Leutnant Gustl. Nachw. und Anm. von H. P. Berlin 1962. (S. Fischer Schulausgaben. Texte moderner Autoren.) S. 40–50.

– Diagnose und Dichtung. Zum Werk Arthur Schnitzlers. In: H. P.: Das Schweigen der Sirenen. Studien zur deutschen und österreichischen Literatur. Stuttgart 1968. S. 110–141.

Rieder, Heinz: Österreichische Moderne. Studien zum Weltbild und Menschenbild in ihrer Epik und Lyrik. Bonn 1968. S. 40–44.

Roberts, Adrian Clive: The Code of Honor in fin-de-siècle Austria: Arthur Schnitzler's Rejection of the »Duellzwang«. In: Modern Austrian Literature. Journal of the International Arthur Schnitzler Research Association 25 (1992) Nr. 3/4. S. 25–40.

Roosen, Claudia: Das Stigmatisieren des impressionistischen Le-
bensstils: *Leutnant Gustl*. In: C. R.: »Helden der Krise« in den
Erzählungen Arthur Schnitzlers. Frankfurt a. M. [u.a.] 1994.
S. 71–76.

Schinnerer, Otto P.: Schnitzler and the Military Censorship. Un-
published Correspondence. In: The Germanic Review 5 (1930)
Nr. 3 (Juli). S. 238–246.

Schmidt-Dengler, Wendelin: Arthur Schnitzler: *Leutnant Gustl*. In:
Interpretationen. Erzählungen des 20. Jahrhunderts. Bd. 1. Stuttgart 1996. S. 21–37.

Schoeller, Wilfried F.: Leutnant Gustl. In: Kindlers Neues Literatur
Lexikon. Bd. 14. München 1991. S. 1031f. (Zuerst in: Kindlers Literatur Lexikon. Bd. 4. Zürich 1964. Sp. 1407–09.)

Segal, Naomi: Style indirect libre to Stream-of-Consciousness:
Flaubert, Joyce, Schnitzler, Woolf. In: Peter Collier / Judy Davies
(Hrsg.): Modernism and the European Unconscious. New York
1990. S. 94–114.

Sosnosky, Theodor von: Unveröffentlichte Schnitzler-Briefe über
die »Leutnant Gustl-Affäre«. Eine Sensation vor dreißig Jahren.
In: Neues Wiener Journal. 26. Oktober 1931.

Stipa Madland, Helga: Baroja's *Camino de perfección* and Schnitzler's *Leutnant Gustl*. Fin de siècle Madrid and Vienna. In: Com-
parative Literature Studies 21 (1984) Nr. 3. S. 306–322.

Storz, Gerhard: Über den »monologue intérieur« oder die »Erlebte
Rede«. In: Der Deutschunterricht 7 (1955) Nr. 1. S. 41–50.

Surowska, Barbara: Schnitzlers innerer Monolog im Verhältnis zu
Dujardin und Dostojewski. In: Theatrum Europaeum. Festschrift
Elida Maria Szarota. Hrsg. von Richard Brinkmann [u. a.].
München 1982. S. 549–558.

– Schnitzlers *Leutnant Gustl* (1900). In: Acta Universitatis Nicolai
Copernici. Nauki humanistyczno-spoleczne. Filologia Ger-
mańska. Toruń 1986. S. 25–54.

– Die Bewußtseinsstromtechnik im Erzählwerk Arthur Schnitzlers. Warschau 1990. S. 157–192.

Szasz, Ferenc: Der k. u. k. Leutnant um 1900 aus österreichisch-un-
garischer Sicht. In: Festschrift Karl Mollay zum 65. Geburtstag.
Hrsg. von Antal Madl. Budapest 1978. (Budapester Beiträge zur
Germanistik. 4.) S. 269–281.

Tumanov, Vladimir A.: Unframed direct interior monologue in European fiction. A study of four authors [Vsevolod Garšin: *Četyre*

dnja, 1877; Edouard Dujardin: *Les Lauriers sont coupés*, 1888; Arthur Schnitzler: *Leutnant Gustl*, 1900; Valéry Larbaud: *Amants, heureux amants*, 1923]. Phil. Diss., Univ. of Alberta, 1993.

Vanhelleputte, Michel: Der Leutnant und der Tod: Betrachtungen zu einem Schnitzlerschen Thema. In: Littérature et culture allemandes: Hommages à Henri Plard. Hrsg. von Roger Goffin [u. a.]. Brüssel 1985. S. 217–236.

W., Fred [d. i.: Alfred W. Fred]: Der Dichter vor dem Ehrengericht. In: Die Nation 18 (1901) Nr. 39. 29. Juni 1901. S. 616 f.

Die Wahrheit über *Leutnant Gustl*. Eine Novelle, die einst zu einer »Affäre« wurde. In: Die Presse. 25. Dezember 1959. S. 9.

Weiss, Robert O.: The Human Element in Arthur Schnitzler's Social Criticism. In: Modern Austrian Literature. Journal of the International Arthur Schnitzler Research Association 5 (1972) Nr. 1/2. S. 30–44.

Weißensteiner, Ines: Sozialkritik in Arthur Schnitzlers Monologerzählungen *Leutnant Gustl* und *Fräulein Else*. Dipl. Arb., Univ. Klagenfurt, 1993.

Willenberg, Heiner: Die Darstellung des Bewußtseins in der Literatur. Vergleichende Studien zu Philosophie, Psychologie und deutscher Literatur von Schnitzler bis Broch. Frankfurt a. M. 1974. S. 75–95.

Wilpert, Gero von: Leutnant Gustl und seine Ehre. In: Die Ehre als literarisches Motiv. Eric W. Herd zum 65. Geburtstag. Hrsg. von August Obermayer. Dunedin 1986. (Otago German Studies. 4.) S. 120–139 .

Wisely, Andrew C.: Arthur Schnitzler and the Discourse of Honor and Dueling. New York [u. a.] 1996.

Worbs, Michael: *Leutnant Gustl* (1900). Zur Entstehung des inneren Monologs. In: M. W.: Nervenkunst. Literatur und Psychoanalyse im Wien der Jahrhundertwende. Frankfurt a. M. 1983. S. 237–242.

Zenke, Jürgen: Die deutsche Monologerzählung im 20. Jahrhundert. Köln/Wien 1976. S. 69–84.

b) Weitere (zitierte) Sekundärliteratur

Bahr, Hermann: Zur Überwindung des Naturalismus. Theoretische Schriften 1887–1904. Hrsg., eingel. und erl. von Gotthart Wunberg. Stuttgart [u. a.] 1968.

Fischer, Jens Malte: Fin de siècle. Kommentar zu einer Epoche. München 1978.

Fischer, Markus: »Mein Tagebuch enthält fast nur absolut persönliches«. Zur Lektüre von Arthur Schnitzlers Tagebüchern. In: Text + Kritik. Zeitschrift für Literatur (1998) Nr. 138/139. S. 24–35.

Fischer, Samuel / Fischer, Hedwig: Briefwechsel mit Autoren. Hrsg. von Dierk Rodewald und Corinna Fiedler. Einf. von Bernhard Zeller. Frankfurt a. M. 1989.

Fliedl, Konstanze: Arthur Schnitzler. Poetik der Erinnerung. Wien/Köln/Weimar 1997.

Frevert, Ute: Ehrenmänner. Das Duell in der bürgerlichen Gesellschaft. München 1991.

Keller, Ursula: Böser Dinge hübsche Formel. Das Wien Arthur Schnitzlers. Berlin 1984. – Tb.-Ausg.: Frankfurt a. M. 1996.

Lulu, Lilith, Mona Lisa ... Frauenbilder der Jahrhundertwende. Hrsg. von Irmgard Roebling. Pfaffenweiler 1989.

Madlener, Elisabeth: »... Die Duellfrage ist in ihrem Kern eine Sexualfrage.« In: Début eines Jahrhunderts. Essays zur Wiener Moderne. Hrsg. von Wolfgang Pircher. Wien 1985. S. 163–176.

Perlmann, Michaela L.: Arthur Schnitzler. Stuttgart 1987. (Sammlung Metzler. 239.) S. 142–148.

Pollak, Michael: Wien 1900. Eine verletzte Identität. Aus dem Frz. übers. von Andreas Pfeuffer. Konstanz 1997.

Reik, Theodor: Arthur Schnitzler als Psycholog. Hrsg., eingel. und mit Anm. vers. von Bernd Urban. Frankfurt a. M. 1993. [Zuerst: Minden 1913.]

Rilke, Rainer Maria: Briefe zur Politik. Hrsg. von Joachim W. Storck. Frankfurt a. M. / Leipzig 1992.

Scheible, Hartmut: Arthur Schnitzler in Selbstzeugnissen und Bilddokumenten. Reinbek 1976. [*Leutnant Gustl*: S. 78–84.]

Urbach, Reinhard: Schnitzler-Kommentar zu den erzählenden Schriften und dramatischen Werken. München 1974. [*Leutnant Gustl*: S. 103–107.]

Der Verlag Philipp Reclam jun. dankt für die Nachdruck- und Reproduktionsgenehmigung den Rechteinhabern, die durch den Text- bzw. Bildnachweis und einen folgenden Genehmigungs- oder Copyrightvermerk bezeichnet sind. In einigen Fällen waren die Inhaber der Rechte nicht festzustellen; hier ist der Verlag bereit, nach Anforderung rechtmäßige Ansprüche abzugelten.

Erläuterungen und Dokumente

Eine Auswahl

zu Böll, *Ansichten eines Clowns.* 84 S. UB 8192

zu Büchner, *Dantons Tod.* 112 S. UB 8104 – *Lenz.* 173 S. UB 8180 – *Woyzeck.* 325 S. UB 16013

zu Droste-Hülshoff, *Die Judenbuche.* 87 S. UB 8145

zu Dürrenmatt, *Der Besuch der alten Dame.* 93 S. UB 8130 – *Die Physiker.* 243 S. UB 8189 – *Romulus der Große.* 96 S. UB 8173

zu Eichendorff, *Aus dem Leben eines Taugenichts.* 120 S. UB 8198

zu Fontane, *Effi Briest.* 168 S. UB 8119 – *Frau Jenny Treibel.* 111 S. UB 8132 – *Grete Minde.* 80 S. UB 8176 – *Irrungen, Wirrungen.* 148 S. UB 8146 – *Schach von Wuthenow.* 155 S. UB 8152 – *Der Stechlin.* 181 S. UB 8144

zu Frisch, *Andorra.* 88 S. UB 8170 – *Biedermann und die Brandstifter.* 128 S. UB 8129 – *Homo faber.* 196 S. UB 8179

zu Goethe, *Egmont.* 165 S. UB 8126 – *Götz von Berlichingen.* 176 S. UB 8122 – *Iphigenie auf Tauris.* 112 S. UB 8101 – *Die Leiden des jungen Werther.* 192 S. UB 8113 – *Novelle.* 160 S. UB 8159 – *Torquato Tasso.* 251 S. UB 8154 – *Urfaust.* 168 S. UB 8183 – *Die Wahlverwandtschaften.* 228 S. UB 8156 – *Wilhelm Meisters Lehrjahre.* 398 S. UB 8160

zu Grass, *Die Blechtrommel.* 223 S. UB 16005 – *Katz und Maus.* 192 S. UB 8137

zu Hauptmann, *Bahnwärter Thiel.* 54 S. UB 8125 – *Der Biberpelz.* 104 S. UB 8141 – *Die Ratten.* 183 S. UB 8187

zu Heine, *Deutschland. Ein Wintermärchen.* 208 S. UB 8150

zu Hesse, *Demian. Die Geschichte von Emil Sinclairs Jugend.* 86 S. UB 8190 – *Der Steppenwolf.* 156 S. UB 8193

zu Hölderlin, *Hyperion.* 339 S. UB 16008

zu Hoffmann, *Das Fräulein von Scuderi.* 136 S. UB 8142 – *Der goldne Topf.* 160 S. UB 8157 – *Klein Zaches genannt Zinnober.* 170 S. UB 8172 zu Ibsen, *Nora (Ein Puppenheim).* 86 S. UB 8185

zu Kafka, *Der Proceß.* 230 S. UB 8197 – *Das Urteil.* 144 S. UB 16001 – *Die Verwandlung.* 196 S. UB 8155

zu Keller, *Kleider machen Leute.* 108 S. UB 8165 – *Romeo und Julia auf dem Dorfe.* 88 S. UB 8114

zu Kleist, *Amphitryon.* 160 S. UB 8162 – *Das Erdbeben in Chili.* 151 S. UB 8175 – *Das Käthchen von Heilbronn.* 162 S. UB 8139 – *Die Marquise von O…* 125 S. UB 8196 – *Michael Kohlhaas.* 111 S. UB 8106 – *Penthesilea.* 159 S. UB 8191 – *Prinz Friedrich von Homburg.* 204 S. UB 8147 – *Der zerbrochne Krug.* 157 S. UB 8123

zu J. M. R. Lenz, *Der Hofmeister.* 183 S. UB 8177 – *Die Soldaten.* 88 S. UB 8124

zu Lessing, *Emilia Galotti.* 109 S. UB 8111 – *Minna von Barnhelm.* 111 S. UB 8108 – *Miß Sara Sampson.* 93 S. UB 8169 – *Nathan der Weise.* 175 S. UB 8118

zu H. Mann, *Der Untertan.* 162 S. UB 8194

zu Th. Mann, *Mario und der Zauberer.* 104 S. UB 8153 – *Der Tod in Venedig.* 196 S. UB 8188 – *Tonio Kröger.* 102 S. UB 8163 – *Tristan.* 96 S. UB 8115

zu Mörike, *Mozart auf der Reise nach Prag.* 117 S. UB 8135

zu Novalis, *Heinrich von Ofterdingen.* 236 S. UB 8181

zu Schiller, *Don Carlos.* 238 S. UB 8120 – *Die Jungfrau von Orleans.* 160 S. UB 8164 – *Kabale und Liebe.* 147 S. UB 8149 – *Maria Stuart.* 214 S. UB 8143 – *Die Räuber.* 232 S. UB 8134 – *Die Verschwörung des Fiesco zu Genua.* 263 S. UB 8168 – *Wallenstein.* 294 S. UB 8136 – *Wilhelm Tell.* 111 S. UB 8102

zu Shakespeare, *Hamlet.* 264 S. UB 8116

zu Storm, *Hans und Heinz Kirch.* 94 S. UB 8171 – *Immensee.* 88 S. UB 8166 – *Der Schimmelreiter.* 101 S. UB 8133

zu Tieck, *Der blonde Eckbert / Der Runenberg.* 85 S. UB 8178

zu Wedekind, *Frühlings Erwachen.* 204 S. UB 8151

zu Zuckmayer, *Der Hauptmann von Köpenick.* 171 S. UB 8138

Philipp Reclam jun. Stuttgart